KB195597

어떤 사람이 최고의 아웃풋을 내는가

H I G H

과거의 나를 뛰어넘는 초성장의 비밀

어떤 사람이
최고의 아웃풋을
내는가

김동기 지음

PERFORMANCE

TORNADO
토네이도

프롤로그

"동기 님, 이번 회계연도 평가도 Highly Successful입니다!"

나는 나이키 마케터 재직 시절, 3년 연속으로 상위 평가
Highly Successful를 받았다. 이 평가는 보통 5~10명 규모의 팀에서
한두 명 정도 받는 것으로, 상위 10~20%에 속한다는 증거인 셈
이다. 상위 평가를 받기 위해서는 두 가지 기준을 충족해야 하
는데, 매출 또는 브랜드 성과에 대한 기여도와 팀워크 부분이다.
뛰어난 인재들이 모이는 나이키의 팀 내에서 상위 10~20%에
든다는 것은 생각보다 어려운 일이다. 게다가 3년 연속으로 상
위 평가를 받기 위해서는 끊임없는 자기 성장이 필요하기 때문
에 스스로도 뿌듯한 결과였다.

그러나 나 역시 처음부터 연달아 상위 평가를 받아왔던
것은 아니다. 오히려 이전까지는 업무를 따라가기 바빴다. 과거

나는 상위 평가를 받기 위해 내 몸과 마음을 다 갈아 넣었다고 말할 수 있을 정도로 쉬지 않고 일했다. 하나의 프로젝트를 위해 내리 30시간을 일하고, 새벽 6시에 출근해 다음 날 새벽 6시에 퇴근한 적도 있다. 결혼 준비를 하던 때에도 일에만 미쳐 있다 보니 관계에 위기를 맞기도 했다. 그렇게 야근 신기록을 경신해가며 나의 열정, 시간, 에너지를 모두 쏟아부은 결과, 처음으로 상위 평가를 받을 수 있었다.

그렇다면 3년 연속으로 상위 평가를 받았을 때의 내 모습은 어땠을까? 과거처럼 너덜너덜한 몸과 마음으로 3년을 보냈을까? 전혀 아니다. 나는 거의 매일 칼퇴했다. 사랑하는 아이들의 탄생과 성장을 가까이에서 지켜보며 아내와 함께 육아를 했다. 취미로 하던 주짓수는 중급자 이상 등급에 해당하는 퍼플벨트를 받았고, 매일 7~8시간 충분히 잤다. 380권이 넘는 책을 완독했으며, 블로그에는 300건이 넘는 글을 올렸다. 업무 외에 자기계발을 위한 활동도 게을리하지 않았다. 다양한 강의를 들으면서 사업 준비, 글쓰기 연습, 부동산 공부를 했다. 아마 지금쯤 의문이 생길 것이다. 이전에는 야근 행진을 이어가며 겨우 상위 평가를 받던 사람이 어떻게 이처럼 균형 잡힌 일상을 보내면서도 상위 평가를 받을 수 있게 되었을까?

2020년, 나는 인생의 큰 변화와 함께 이전과는 다른 삶을 살게 되었다. 수백 권의 책을 읽었고, 수많은 강의를 들으며 자기계발에 1천만 원이 넘는 돈을 투자했다. 보고 듣는 것에서 그치지 않고, 블로그에 85건의 독후감을 포함해 300여 건의 글을 올리며 생각을 정리하고 글을 쓰는 연습을 했다. 생산성과 관련된 책을 읽고 그 내용을 자연스럽게 일과 삶에 직접 적용해보기도 했다. 그러자 업무 처리와 의사 결정의 속도가 빨라지는 것이 느껴졌다.

이전까지의 나는 그저 열정의 극단에 있는 사람이었다. '죽을 만큼 열심히 하라'는 누군가의 말을 믿고 따르며 살았다. 내 실력은 항상 부족하다고 생각했다. 그래서 정말로 죽을 만큼 열심히 해야만 앞선 사람을 따라잡을 수 있다는 관념에 사로잡혀 살았던 것이다. 그 결과 내가 얻은 것은 번아웃이다. 폐가 망가졌고 멘탈이 흔들리기 시작했다. 그리고 어느 순간 공황장애 초기 증상을 겪으면서 한 가지 사실을 깨달았다. 내 몸이 아닌 머릿속에 있는 지식을 활용할 방법을 찾아야 한다고. 그리고 그것을 지속가능하게 할 방법 또한 찾아야 한다고. 가만히 생각해보니 성과를 올리기 위해 필요한 모든 것은 이미 내 안에 있었다. 인풋은 충분했다. 그것을 써먹지 못해 괜히 죄 없는 몸만 고생하고 있었던 것이다. 나에겐 간단히 말하자면, 내 머릿속에 쌓여 있는 인풋을 제대로 아웃풋으로 내보낼 수 있는 능력이 필요했던 것이다. 과거 나의 돈과 시간을 들여 얻어낸 많은 지식 중 나에게 필요한 것을 선별하고, 그것을 내 것으로 만들어 성과로 연결시킬 수 있는 재능 말이다. 또한 이러한 아웃풋의 생산 과정을 나의 리듬에 맞춰 지속가능하게 만들어줄 하나의 루틴과 같은 시스템이 필요했다. 나는 이것을 '아웃풋 시스템'이라고 부르기로 했다.

나만의 시스템을 구축하고 적용해 나가던 3년간, 나는 급속도로 발전하고 있었다. 그리고 회사 내의 몇몇 동료들이 이러한 변화를 조금씩 알아채기 시작했다. 일부 동료들이 업무 관련 상담을 요청하기 시작했고, 나는 그들이 답을 찾을 수 있도록 도와주었다. 모두 책에서 읽고 직접 적용해보면서 쌓인 인사이트와 노하우들이었다. 전화로, 식사 중에, 탕비실에서 상담이 이어졌고, 그렇게 나는 어느 순간부터 내 문제를 해결하는 것뿐만 아니라 다른 사람들의 문제를 해결하는 데 도움이 되는 사람이 되었다.

그러던 와중에 와디즈로부터 생산성을 높이는 방법에 관한 콘텐츠의 펀딩을 제안받았다. 당시 새로운 출발을 위해 퇴사를 준비하던 나에게는 새로운 기회이자 도전이었다. 나는 나이키 퇴사 후 4개월 동안, A4 기준 815쪽에 달하는 전자책 《히든 메소드》를 완성했다. 펀딩은 4,097% 달성율을 기록하며 성공을 거두었다. 그리고 이 방대한 전자책의 에센스라고 할 수 있는, 최고의 아웃풋을 낼 수 있는 '지속가능한 시스템'에 대한 부분을 다듬고 발전시켜 이 책에 모두 담았다.

이 시스템 안에서 내가 하는 모든 일은 서로 시너지를 일으켜 내 삶에 긍정적인 영향을 준다. 직장에서 놀라운 아웃풋을 보여주는 것은 물론, 내가 일터 밖에서 하는 일 또한 궁극적으로 내가 하는 일에 좋은 영향을 미친다는 것이다. 한마디로, '워크 앤 라이프 밸런스 시너지'라고 할 수 있다. 이 책에서 소개할 '아웃풋 시스템'의 내용을 삶에 적용한다면, 아마 당신도 아래와 같은 것들을 얻게 될 것이다.

1. 원하는 목표를 좀 더 편안하게, 지속적으로 달성하게 된다.
2. 신체적, 정신적으로 조금 더 건강한 삶을 살 수 있다.
3. 당신이 무슨 일을 하든 좀 더 쉽게 성과를 낼 수 있다.

엄청난 기술이 튀어나오길 기대했다면 미안하다. 아웃풋 시스템의 세부 내용이나 방법 중 내가 새롭게 발명하거나 창조한 것은 없다. 나는 그저 앞서 성공한 이들의 경험과 지혜를 빌려 직접 실행해보면서, 버릴 것은 버리고 발전시킬 것은 발전시키면서 '자기화'했을 뿐이다. 이 책은 내가 성장을 위해 고군분투했던 지난 3년의 시간, 그리고 11년 8개월에 걸친 업무 경험을 통해 얻은 지식과 노하우를 '지속적으로 생산성을 높이기 위한 방법'이라는 목적에 맞게 큐레이션한 에센셜이라고 해석해주길 바란다.

이 책에 나온 내용을 몇 가지라도 제대로 적용할 수 있게 된다면, 당신은 이전보다 쉽게 목표라는 벽을 뛰어넘을 수 있게 될 것이다. 특히 여기에는 직장인, 사업가, 프리랜서, 학생, 주부를 포함하여 누구나 쉽게 적용할 수 있는 방법들을 모았다. 이 책의 내용을 따르기 위해 '죽을 만큼' 무리할 필요도 없다. 그저 편안하게 흘러가는 대로 자연스럽게, 지속가능한 시스템을 통해 성과를 만들어낼 수 있을 것이다.

내용 소개

지속가능한 아웃풋 시스템은 나만의 '업무 절권도'라고 할 수 있다. 나에게 좋은 성과를 가져다준 업무 기술이라고 봐도 좋을 것이다.

본격적으로 이야기를 시작하기에 앞서, 먼저 이 책의 내용을 받아들이기 위해 갖춰야 할 마인드에 대해 설명할 것이다. 이것은 이 책뿐만 아니라, 모든 책과 강의를 대할 때도 마찬가지로 가져야 할 마음의 태도라고 할 수 있다. 내가 책이든 무엇이든 빠르게 흡수하고 적용할 수 있었던 이유에는 바로 이 마인드가 있었다. 'Be Water 마인드', 말 그대로 물처럼 유연하게 사고하라는 것이다. 이어서 뇌의 신경가소성에 관한 내용도 필요한 만큼 다룰 것이다. 뇌의 가소성에 대해 알게 되면, 당신이 무언가 새로운 것을 시도할 때마다 찾아오는 심리적 저항감을 낮추는 데 도움이 될 것이다.

더불어 아웃풋 시스템을 도와주는 '스테프STEF 시스템'을 소개한다. 당신이 목표로 향하는 길의 내비게이션이 되어 줄 중요한 첫 스텝이자, 전체 시스템을 받쳐주는 스테프 역할을 해줄 루틴이라고 할 수 있다. 일부 사람들은 이 시스템을 몸에 익히기만 해도 곧바로 생산성 향상이라는 효과를 체감할 수 있을 것이다.

1장에서는 본격적으로 시스템에 대해 설명한다. 가장 먼저 업무에 몰입하는 방법에 관해 살펴볼 것이다. 스마트폰이 등장한 이후 우리가 집중할 수 있는 시간은 점점 짧아지고 있다. '마이크로소프트 캐나다'에서 사람들을 대상으로 설문과 뇌파 측정 연구[1]를 진행한 결과, 인간이 한 사물에 집중하는 평균 시간은 2000년에 12초였던 것이 2013년에는 8초로 줄어들었다고 한다. 놀랍게도 이는 금붕어의 평균 '주의 지속시간'인 9초보다도 짧은 수치다.

인간과 금붕어의 집중력이 같아지고 있는 현대 환경 속에서 우리는 어떻게 '초집중'을 할 수 있을까? 어떻게 칼퇴를 하면서도 성과를 낼 수 있을까? 이에 관한 핵심 전략과 다양한 법칙

---

[1]   참고 자료: www.hani.co.kr/arti/economy/it/691683.html

에 관해 살펴볼 것이다.

곧이어 집중과 함께 반드시 필요한 과정인 '이완'에 대해 다룬다. 운동을 끝낸 후에는 휴식을 취하며 근육을 쉬게 하듯이, 뇌 역시 사용 후에는 이완할 시간이 필요하다. 이 책에서는 뇌의 이완 방법 중 하나로, 산책과 호흡법에 대해 말하고자 한다. 업무 집중력과 일상의 균형 유지를 위한 정리법도 함께 다루었다.

2장에서는 좀 더 실질적인 내용을 소개한다. 최고의 아웃풋을 위해 인풋을 최대화하는 방법에 관한 것이다. 먼저, 생산성, 심리학, 경영·경제 관련 서적을 여러 권 읽은 사람들에게는 꽤 익숙할지도 모를, 자타가 공인한 전략과 법칙들을 살펴볼 것이다. '파레토의 법칙', '파킨슨의 법칙', '자이가르닉 효과', '업스트림', '레버리지'다. 나는 생산성을 높이는 방법으로써 이러한 전략들을 거의 매일 사용하고 있다. 실제 업무에서 어떻게 적용했는지를 사례 중심으로 살펴볼 것이다.

논리적으로 생각을 정리하는 기술인 'MECE'와 '마인드맵'에 관해서도 다루었다. 업무 환경을 개선하기 위해 알면 좋은 심리학과 뇌 과학의 개요도 함께 살펴볼 것이다.

형이하학적인 부분으로 문제 해결이 안될 때에는 무의식, 트라우마, 관념을 점검해봐야 한다. 이에 관한 부분도 가볍게 다뤘다. 성과를 내는 무의식을 다지는 데 작은 힌트를 얻을 수 있을 것이다. 또한, 커뮤니케이션과 관련해서 알아두면 도움이 되는 기본적인 내용도 함께 넣었다.

　　3장에서는 이러한 지속가능한 아웃풋의 법칙을 계속해서 강화하고 유지할 수 있는 일상적인 방법들을 만날 것이다. 가장 먼저, 인풋과 아웃풋에 관한 적절한 비율을 알아본다. '인풋 중독'의 늪에서 벗어날 단서를 얻게 될지도 모르겠다. 독서를 편하고, 쉽고, 빠르게 도와주는 '최강의 독서법'인 포토리딩에 관한 설명도 간단하게 정리했다. 생각을 정리하고 실행을 돕는 기록의 힘에 대해서도 알아볼 것이다. '시작 실행'이 어려울 때, 저항을 피해 균형을 잡는 '5초의 법칙'과 내 에너지를 빼앗기지 않으면서 균형을 잡아나갈 수 있도록 도와주는 '산소마스크 법칙'에 관한 이야기도 넣었다.

　　지금부터 시작될 내용은 단순히 읽기만 해서는 전혀 효과가 없을 것이다. 그저 당신의 책장에서 자리만 차지하고 있을 것이다. 한 번만 읽고 끝내는 것 역시 큰 효과를 기대하기 힘들다. 생산성이나 삶에서의 변화는 전혀 없을 것이다.

　　나는 이 책이 당신에게 '셀프 R&D(연구와 개발) 설명서'가 되었으면 한다. 그래서 개인적으로 다음과 같은 방법으로 세 번 읽어볼 것을 추천한다.

　　1독을 할 때는 처음부터 차례대로 정주행을 하면서 읽기 바란다. 와닿았던 내용이 있다면 밑줄을 치거나 홑낫표(「 」)를 사용하여 마킹하라. 책을 구매했다면 페이지의 여백에 자유롭게 생각을 적어도 좋다. 인상적인 구절이 있는 책장은 상단 귀퉁이를 한 번 접어둔다.

2독은 책을 완독한 다음 날 또는 1주일 정도가 지난 시점이 좋다. 이때는 접어둔 곳만 한 번 더 읽어보길 바란다. 아니면 1독을 마치고 인상 깊었던 내용을 블로그 또는 개인 SNS에 기록하면서 생각을 정리해보기 바란다. 이런 식으로 이 책에 담긴 정보를 자기 것으로 만드는 것이다. 책에 대한 감상을 글로 정리할 때는 책의 내용을 최소 한 가지 이상 옮겨 적어라. 내가 무엇을, 언제, 어떻게 적용할지에 관한 실행안도 한두 줄로 정리하기 바란다.

3독을 할 때는 이 책을 설명서처럼 보기를 추천한다. 책의 맨 끝에 있는 체크리스트를 하나씩 확인하면서 미션을 클리어하라. 혹은 어느 날 생각날 때 책장이 접힌 곳이나 목차를 보고, 내가 적용할 내용을 한번 더 훑어보기 바란다. 마치 옆에 두고 한두 번씩 꺼내보는 설명서와 같이 말이다.

이러한 방식으로 책의 내용을 자기화한다면, 어떤 인사이트든지 책 안에 머물지 않고 당신의 삶 속에 들어가 탁월한 성과를 만들어내는 것을 직접 보게 될 것이다.

차례

프롤로그   005

PART 1
최고의 아웃풋을 위한
인풋의 법칙

CHAPTER 1   열정은 당신을 배신할 것이다

당신은 어떤 부류의 사람인가   023
악으로 깡으로   028
노력은 나를 배신했다   032
앞서 성공한 이들에게 배워라   034
인풋을 최대화하는 독서법   040
힘을 빼면 힘을 얻는다   045
'열심'보다 중요한 것   048
열정을 이기는 루틴을 만들어라   051
인풋을 실행하고, 지속하라   056

1장 요약   060

CHAPTER 2   **어떻게 인풋을 최대화할 것인가**

최고의 인풋을 위한 마인드셋   063

- 물처럼 유연하게 받아들여라
- 뇌는 당신의 생각보다 더 뛰어나다

최적의 컨디션을 위한 매뉴얼   073

SLEEP: 숙면, 회복과 강화를 위한 기본   075

- '미라클 모닝'에서 가장 중요한 것
- 수면 부족으로 인한 7가지 문제
- 최적의 수면 시스템을 위한 7가지

TIME: 시간 관리가 곧 자기 관리다   086

- 업무 시간과 내 시간을 분리하라: 워크 타임 & 미 타임
- 일의 우선순위를 정하는 방법: 사분면 시스템
- 내 시간을 만드는 방법: '미 타임' 설정을 위한 시스템 만들기

EXERCISE: 몸을 움직이면 뇌도 움직인다   106

- 당신이 운동을 못했던 진짜 이유
- 운동이 힘들다면 우선 운동복만 입어라

FOOD: 일에 집중이 안 된다면 먹는 것부터 바꿔라   113

- 저탄고지 효과

2장 요약   123

PART 2

최고의 결과를 만드는
아웃풋의 법칙

CHAPTER 3　　　**지속가능한 실행을 위한 일상 루틴**

몰입하고 이완하라　　　　　　　　　　　　　　　　128

우뇌를 깨워라　　　　　　　　　　　　　　　　　　129

한 번에 하나씩 끝내라　　　　　　　　　　　　　　132

하이퍼포커스를 위해 알아야 할 3가지　　　　　　　139

타임타이머 활용법　　　　　　　　　　　　　　　　147

생산성을 높이는 산책 효과　　　　　　　　　　　　154

호텔 효과: 정리 정돈의 놀라운 힘　　　　　　　　　158

하루 3분 심호흡하는 습관　　　　　　　　　　　　163

3장 요약　　　　　　　　　　　　　　　　　　167

CHAPTER 4   하이퍼포먼스를 위한 실전 기술

먼저 주요 업무를 선별하라 '파레토의 법칙' 169

마감일보다 더 빨리 끝내라 '파킨슨의 법칙' 172

하기 싫을 땐 시작만 하라 '자이가르닉 효과' 175

그냥 하지 말고 계획적으로 하라 '업스트림 전략' 177

일을 분담하라 '레버리지 전략' 181

도구를 사용해 아이디어를 뽑아내라 '마인드맵' 185

논리적인 관점을 가져라 'MECE' 194

심리학과 뇌 과학을 공부하라 199

무의식의 영향력을 파악하라 201

최적의 커뮤니케이션을 위한 기술 205

· 오레오OREO 원칙

· 텐프렙TNPREP 법칙

· 스타STAR 원칙

주기적으로 스스로를 업그레이드하라 216

4장 요약 224

CHAPTER 5   **어떻게 생산성을 높일 것인가**

믿지만 말고 지금 당장 움직여라   227

꿈이 현실을 끌어당긴다   231

인풋과 아웃풋의 황금비율   235

최대 인풋을 위한 최강 독서법   239

글로 쓰며 실행하라   245

5, 4, 3, 2, 1, 시작!   248

언제 어디서든 당신이 먼저다   250

5장 요약   255

에필로그   256
  · 아웃풋 시스템을 통해 하이퍼포머가 될 당신에게

감사의 말   258

부록   260
  · 당신의 아웃풋 루틴을 위한 체크리스트
  · 최고의 인풋을 위한 추천 도서

PART 1
최고의 아웃풋을 위한 인풋의 법칙

"다 받아들이고, 다 버린다.
그리고 내게 맞는 것만 남긴다."

브루스 리

CHAPTER 1

열정은
당신을 배신할 것이다

당신은 어떤 부류의 사람인가

이 책에는 삶과 업무를 행하는 스타일에 있어 3가지 부류의 사람들이 등장한다. 노멀리안, 익스트리머, 밸런서다. 우리말로 풀어보면, 일반인, 열정론자, 균형가다. 좀 더 세부적으로 나눠보면 다음과 같다.[2]

1. 노멀리안(65%)

레벨 0: 그냥 아무것도 안 하는 사람들

레벨 1: 상황이 되면 움직이는 사람들

레벨 2: 상황이 되면 움직이는데, 재능이 뛰어나서 좋은 결과

---

[2]   이 지표의 수치(%)는 주관적으로 적용한 것이다.

를 보여주는 사람들

2. 익스트리머(30%)

블랙 익스트리머(25%): 한때 엄청난 열정가였으나 흑화한 회의
론자. 일과 삶의 균형이 깨지면서 모든 것에 회의적인 상태
가 되었다. 이들은 무언가를 열심히 한다는 것 자체에 회의
적인 관점을 가지고 있다. 혹은 르상티망의 관점을 갖고 있
다. '르상티망ressentiment'이란 프랑스어로 원한, 복수심을 뜻
한다. 이들의 특징은 남을 끌어내려 자신을 보호한다는 것이
다. 이들 중 일부는 온라인에서 익명에 숨어 다른 사람들을
공격하기도 한다.

오프라인에도 이와 같은 사람이 존재한다. 열심히 하는 사람
들에게 "야, 뭐 하러 그렇게 열심히 사냐. 그냥 대충 살아라
좀"이라는 말을 남발한다. 의도했든 하지 않았든 누군가에게
부정적인 영향을 주는 사람들이다.

화이트 익스트리머(5%): 사회적으로 크게 성공한 극소수의 사람
들이 여기에 속해 있다. 이들은 본인의 영역에서 소위 말하
는 '성공'을 거뒀다. 하지만 면밀히 살펴보면, 극단적으로 일
에만 매달리는 상황으로 인해 삶의 균형은 완전히 무너져
있다. 일에 있어서는 성과를 이루었지만, 가정, 인간관계, 건
강에 부정적인 이슈가 있는 경우가 많다. 이들 중 대부분이

'죽을 것 같은 노력'의 부작용을 겪고 있다는 뜻이다.[3] 화이트 익스트리머들은 성공의 과정을 원래 '죽을 만큼 힘든 것'이라고 강조한다. 개개인의 운이나 상황 등은 배제한 채 성공하기 위해서는 자신의 모든 것을 다 바쳐야 한다고 주장한다. 일부는 대중의 무의식에 희생을 강요하기도 한다.

3. 밸런서(5%)

히든 밸런서(4%): 균형 잡힌 삶을 사는 사람들이다. 이들은 대부분 숨어 있다. 세상에 잘 드러나지 않는다. 경제적 자유를 이루었을 수도 있다. 그렇든 그렇지 않든, 본인의 삶에서 자족하며 평안하게 건강한 삶을 살고 있다.

요다형 밸런서(0.9%): 균형을 잡고 행복하게 살아가는 이들 중 자신이 깨달은 지혜를 주위에 전하는 분들이다. 이들은 대중 노출을 꺼려해 일상에서 만나기는 어렵다.

대표적인 예로 자수성가하여 손자손녀들에게 그 방법을 알려주는 자산가 할아버지가 있다. 인생을 살다가 운 좋게 만나는, '어른이라 부르고 싶은 사람들'이라고 할 수 있다. 이들의 삶은 경제적 풍요뿐만 아니라, 관계, 가족, 건강에 있어

---

3   무너진 균형을 이들만의 탓으로 돌릴 수는 없을 것이다. 삶에는 너무나 많은 변수가 존재하기 때문이다. 그럼에도 '죽을 것 같이' 노력하다가 정말 심각한 건강 문제가 생기는 경우가 많기에 극단적인 예를 든 점 이해 바란다.

균형을 이루었다. 그리고 그 가르침을 주변인들에 한정해 나눠준다.

리딩Leading **밸런서(0.1%):** 대중에게 영감을 주고, 그 방향으로 나아가도록 사람들에게 영향을 주는 균형가들이다. 이들은 본인의 실제 성공 경험을 바탕으로 책을 쓰거나 강연을 하기도 한다. 이들의 겉모습은 얼핏 보면 화이트 익스트리머와 비슷해보인다.

하지만 이들은 죽을 만큼 노력하는 것만 강조하지는 않는다. 책임지지 못할 열정을 강조하지도 않는다. 이들의 현재는 건강, 경제적, 관계적으로 균형을 이루고 있다. 그리고 균형을 잡는 방법에 관해 설파한다. 전 세계에 걸쳐 극소수의 사람이 있다.

어떤 모습이든 밸런서는 그들의 삶 전반에 걸쳐 균형을 지키며 살고 있다. 그리고 이들에겐 몇 가지 공통점이 있다. 이미 자신이 가진 것에 진심으로 감사한다. 현재 상황을 체념하거나 애써 합리화하기 위한 '억지 감사'가 아니라, 진심으로 감사하는 것이다.

저마다 삶에서 목표를 세우고 하나씩 이뤄간다. 중간에 실패하더라도 계속해 나가며 유연하게 방향이나 방법을 바꿀 줄도 안다. 그리고 이후에 또 다른 성취와 성장을 이룬다.

또한 이들은 자신의 발전을 위한 자기계발에 게을리하지 않으며, 이처럼 부지런히 쌓은 인풋을 최고의 아웃풋으로 이끌어낼 줄 안다. 그리고 이러한 인풋과 아웃풋의 사이에 바로 '시스템'이 있다.

밸런서, 즉 균형가들은 의식적이든 무의식적이든 흔히 '루틴'이라고도 불리는, 자신이 만든 시스템에 맞춰 일을 진행한다. 열정만으로 승부를 거는 익스트리머들과는 다르게 자신의 리듬에 맞는 구조적인 체계를 만들어 효율적으로 일하면서도 최대 효과를 내는 것이다.

이 책은 누구나 자기만의 시스템을 만들어 최대 효율의 인풋을 만들고, 그것으로 최고 효과의 아웃풋을 내놓을 수 있는 방법에 관해 다루고 있다. 열정만으로 일하고 고전을 면치 못했던 과거의 내가, 나만의 아웃풋 시스템을 만들게 되면서부터 일과 삶에 있어 균형을 찾고 초성장을 이루게 된 여정이기도 하다.

이 책의 인사이트를 통해 자신의 리듬과 목표에 맞는 시스템을 찾을 수만 있다면, 당신도 힘들이지 않고 자연스럽게 인풋을 만들고 최대의 아웃풋으로 끌어낼 수 있을 것이다.

악으로 깡으로

고등학생 때부터 익스트리머 기질을 보이기 시작한 나는, 공부로 인한 스트레스와 피로로 인해 수능을 100일 앞두고 대상 포진에 걸리고 말았다. 급기야 수능 당일 시험을 치던 중에 오른쪽 등에서 뭐라 말할 수 없는 큰 통증이 느껴지기 시작했다. 몸을 움직이기 어려울 정도였다. 시험이 끝나고 병원에 가니 폐(정확히는 폐포)가 터졌다는 진단이 내려졌다. 결국 페이스 조절에 완전히 실패한 나는 그토록 원했던 대학교로 진학하는 일에도 실패했다. 집안 사정은 더 어려워졌고, 재수를 할 만큼의 금전적 여유도 없었다. 그래도 3년간의 노력으로 얻은 내신 성적으로 인해 서울의 한 사범대에 들어갈 수 있었다.

그 후 나는 고려대학교 편입을 준비했다. 편입 시험에서 영어교육과 1차에 합격했지만 면접과 전공 시험에서 낙방했고, 두 번째 입시에도 실패했다. 편입 실패 후 다시 복학했을 때는 어느덧 대학교 3학년이 되어 있었다. 2년 후에는 사회로 나가야 했기에 다시 정신을 가다듬었다. 더 이상 슬퍼하거나 우울해할 시간적, 정신적 여유가 없었다. 무조건 앞만 보고 달려야 했다.

나는 경영학과 복수 전공을 시작했다. 교직 이수 과정을 하나 더 추가해 복수 교직 과정까지 밟기 시작했다. 취업 스펙을 쌓기 위한 대외활동도 시작했다. 친구들과 함께 팀을 만들어 한국을 방문하는 외국인들을 대상으로 버스킹도 했다. 나는 학창 시절 8년 동안 드럼을 쳤던 경험을 바탕으로 카혼cajon이라는 타악기를 맡아 연주했다. 이 활동 외에도 이런저런 대회와 공모전에 참여했다. 감사한 결과도 따랐다. 교내 교육 시연대회에서 1위를 차지하는가 하면, 영어 에세이 콘테스트 1위, 영어마을에서 했던 활동에서 최우수 튜터가 되기도 했다. 대외활동, 복수전공, 이런저런 수상 경력을 쌓아가는 와중에 3학년 2학기에는 모두 전공 과목이었음에도 전 과목 A+를 받기도 했다.

　　대학교 4학년 때는 전국 대학교(원) 155개 팀이 출전한 공모전에서 2위(최우수상)를 수상했다. 당시 나는 발표자로 나섰고, 우리 팀의 발표 점수는 1위였다. 그 외 한 기업의 제휴로 진행된 공모전에서 가장 뛰어난 발표자에게 주는 상을 받았다. 나는 열정적으로 스펙을 쌓아나갔다. 그리고 이렇게 계속하기만 하면 대기업 입사도 문제없을 것 같았다. 그러나 늘 그렇듯 현실의 벽은 내 예상을 훌쩍 뛰어넘는 것이었다. 나는 4학년 하계 인턴에 지원했던 모든 회사에서 떨어졌다. 단 한 번의 면접 기회조차 얻지 못했다. 감사하게도 내가 수상했던 공모전을 주관한곳에서 인턴 면접 기회를 주었지만 그마저도 탈락했다. 그렇게 4학년 2학기를 맞이했다. 당시 지원했던 30개 이상의 모든 회사로부터 서류 전형 탈락이라는 고배를 마셨다. 나는 태어나서 처음으로 심각한 불면증에 시달렸다. 부모님은 괜찮을 거라고 애써 위로해주셨지만, 당시 힘들어하던 아버지를 보며 내 어깨는 더 무거워졌다.

그렇게 계속되던 낙방 끝에 마침내 기회가 찾아왔다. 글로벌 PR·마케팅 회사인 에델만코리아의 인턴 면접을 보게 된 것이다. 이번 기회를 놓치면 내게 남는 건 졸업 유예라는 선택지밖에 없었다. 나는 하루라도 빨리 대학생이 아닌 사회인의 신분으로 일하고 싶었다. 돈을 벌고 싶었다. 면접 하루 전, 나는 당시 에델만코리아가 있던 종로의 빌딩 1층 카페에 갔다. 그리고 그곳에서 근무하는 내 모습을 최대한 생생하게 떠올려 봤다. 목에 사원증을 걸고 저 출입구를 통과해 들어가는 내 모습을 상상하고 또 상상했다.

면접 며칠 뒤 채용 담당자로부터 "Congratulations!"라는 메시지가 적힌 메일을 받았다. 그렇게 내 인생에서 처음으로 공식적인 사회생활이 시작되었다. 학생이라는 타이틀을 벗고, 사회의 일원으로서의 첫발을 내딛게 된 것이다. 하지만 합격의 기쁨도 잠시, 정직원을 향한 새로운 서바이벌 게임이 시작되었다. 인턴들 중에는 나보다 훨씬 뛰어난 스펙과 실력을 가진 이들이 많았다. 그런 그들도 몇몇은 인턴 기간을 마치고 정직원이 되지 못한 채 집으로 돌아가는 것을 보면서, 내가 과연 해낼 수 있을지 두려웠다. 당시 인턴인 내가 보여줄 수 있는 것은 열정과 태도밖에 없었기에, 가장 먼저 출근하고 열심히 인사하면서 계속해서 야근을 했다. 내 실력이 부족했던 탓도 있지만 보여주기식의 야근도 있었다. '나 좀 봐라, 이렇게 열심히 하고 있으니, 꼭 정직원을 시켜달라'는 무언의 몸부림이었다. 간절함이 보였는지 나는 마침내 정직원이 될 수 있었다. 하지만 또 다시 위기가 닥쳐오고 있었다.

정직원이 된 이후에는 '임시 기간probation period'을 거친다. 이 기간 동안 평가가 좋지 않으면 나는 다시 짐을 싸야 했다. 이전에는 "설마 이 기간에 잘릴 사람이 있겠어?"라고 생각했지만, 정작 내가 심각한 위기를 맞게 됐다. 사원이 되자 인턴 때와는 비교도 안 되는 난도의 업무가 주어졌다. 선배들은 좀 더 시간이 오래 걸리고 해결이 어려운 업무를 요청하기 시작했고, 그런 일들이 동시다발적으로 쏟아졌다. 난도가 조금 높아졌을 뿐인데 내 일처리는 엉망이었다. A 선배, B 대리, C 과장, D 차장… 여기저기 계속해서 불려 다니며 주의를 받았다. 뭘 어떻게 해야 할지 알 수 없어서 너무 힘들고 답답한 나날이었다.

나는 전형적인 익스트리머답게 질보다 양으로 승부했다. 새벽 2~3시까지 야근을 하기 시작했다. 그렇게 버틴다는 마음으로 하루하루를 보내며 임시 기간을 넘겼다. 나중에 회식 자리에서 나를 뽑아준 분께 다음과 같은 말을 들었다. "너 그때 진심으로 위험했어" 그렇다. 나는 정직원이 되자마자 회사에서 잘릴 뻔했던 것이다. 익스트리머 정신으로, 오직 열정만으로 나를 몰아붙여 겨우겨우 살아남을 수 있었다.

에델만코리아에서 일하면서 이제는 하나의 브랜드에 집중해서 일을 해보고 싶어졌다. 그래서 이직을 알아보던 차에 나이키의 채용공고를 보게 되었다. 서류를 넣고 한참 후에 나이키 인사팀으로부터 1차 전형 합격 소식을 들었다. 그리고 3번의 면접 끝에 마침내 나의 '꿈의 브랜드'인 나이키에서 마케터로서의 커리어를 이어갈 수 있게 되었다.

노력은 나를 배신했다

단 한 번의 이직으로 나는 전 직장 대비 훨씬 높은 연봉을 받게 되었다. 나를 동생처럼 챙겨주는 팀장님과 선배들을 만났고, 가슴 두근거리는 멋진 프로젝트를 맡아 리드하고 진행할 기회도 얻었다. 경영학을 복수 전공하기 시작하면서 꿈꿔왔던 마케팅의 거의 모든 업무를 직접 실행해볼 수 있었다. 회사에 출근하는 것이 설렜고, 월급을 받으며 이렇게 즐겁게 일할 수 있다는 것이 그저 감사할 뿐이었다.

내가 담당한 프로젝트는 내 자식과도 같았다. 나는 내 모든 열정과 시간을 나이키라는 브랜드와 내가 맡은 프로젝트에 완전히 쏟았다. 하지만 꿈같은 순간은 영원하지 않았다. 함께 일하던 동료들이 하나둘씩 회사를 떠나기 시작하면서 갑작스럽게 조직 개편이 이루어졌다.

나는 동년배 중에서는 꽤 빠른 연차에 매니저^{Manager}로 승진했다. 새로 개편된 디지털 마케팅팀의 팀장 자리에 오르기도 했다. 처음에는 마냥 신나고 좋았다. 그간의 노력과 열정에 대한 보상을 받는 것처럼 느껴졌다.

내 밑으로 팀원도 생겼다. 그러나 머지않아 한도를 초과했던 나의 열정과 일에 대한 욕심, 성과와 승진에 대한 야망과 집착은 부메랑처럼 부작용을 가져오기 시작했다. 리더십 평가에서 저조한 점수를 받게 된 것이다. 이전까지 스스로 리더십을 지녔다고 자부했던 나였기에 충격은 더욱 컸다. 초등학교, 중학교, 고등학교에 걸쳐 수없이 반장을 맡아왔고, 대학교 조별 과제에서도 여러 번 팀장을 맡아 좋은 결과를 이끌어냈던 터였다. 하지만 회사에서 처음으로 얻게 된 팀장이라는 역할에 대한 평가는 너무나 냉혹했다. 당시의 내 리더십은 대학교 조별과제 조장 수준에 멈춰 있었던 것이다.

나는 이러한 평가로 인해 지금까지의 직장 생활 중 최고의 위기를 겪게 되었다. 나름 잘 나가고 있다고 착각했던 내 자존심에도 금이 갔다. 정신은 완전히 깨지고 박살이 났다. 이 일은 꽤나 심각한 트라우마로 남아 몇 년 동안 나를 괴롭혔다. 나는 일에서, 사회적 관계에서, 낙오자이자 뒤쳐지는 사람이 된 것 같은 기분을 느꼈고, 가벼웠던 출근길의 발걸음은 거대한 무게가 짓누르듯 무거워졌다. 또 어느 날은 갑자기 모든 것이 억울하게 느껴져 아내의 발밑에 엎드려 울기도 했다.

그렇게 하루하루 버티던 어느 날, 마치 내 주위에 진공관을 덮어씌운 것 같은, 숨이 턱 막히는 느낌을 받았다. 숨이 쉬어지지 않았다. 말로만 듣던 공황장애 초기 증상이었다. 그동안 묵묵히 나를 지켜봐오던 아내는 마침내 일을 잠시 쉬거나 이직하는 것이 어떠냐며 조언했다. 본인이 일을 해도 괜찮으니 편하게 결정하라고 말해주었다. 아내에게 미안하고 고마웠다.

나는 이직을 결심했다. 국내 대기업 중 한 곳에서 글로벌 마케팅 직무로 면접 기회를 잡을 수 있었지만 탈락했다. 도망치는 일조차 실패한 것이다. 결국 원래 자리로 돌아가야 했다.

앞서 성공한 이들에게 배워라

이처럼 정신없이 허우적대고 있는 사이에 부동산 가격이 폭등했다. 나는 남은 내 인생과 책임져야 할 아이의 미래에 대해 진지하게 고민하기 시작했다. 앞으로 어떻게 살아야 할지 막막했다. 매일 정신적으로 200kg 이상의 데드리프트를 하는 것 같은 무게에 짓눌려 살았다. 그리고 비로소 한 아이의 아빠가 되었다는 것이 실감났다.

　　위기와 우울감이 동시에 찾아왔지만 달라진 점은 없었다. 퇴근 후에는 계속 유튜브와 인스타그램을 보며 시간을 흘려보냈다. 이 흐름을 끊기 위해서는 아주 작은 날갯짓이 필요했다.

　　우선 아침에 딱 한 시간만 일찍 일어나 보기로 했다. 문득 몇 년 전에 읽었던 멜 로빈스Mel Robbins의 책《5초의 법칙》이 생각났다. 그 방법을 적용해서 아침마다 "5, 4, 3, 2, 1, 기상!"이라고 외치며 일어났다. 하루가 다르게 느껴졌다. 스트레칭도 시작했다. 큰 변화가 찾아오진 않았지만 내 안에서 무언가 움직임이 일어났다. '어쩌면 정말로, 책을 통해 배운 지혜들이 인생을 변화시킬 수 있지 않을까?' 하는 생각이 떠올랐다. 지금까지의 삶의 방식을 제대로 바꿔보고 싶었다. 나는 책을 인생의 설명서로 인식하기 시작했다. 그리고 거기에서 얻은 지견을 도구 삼아 내 인생을 바꾸기 위한 시스템을 만드는 작업이 시작되었다.

　　나는 6개월 동안 100권의 책을 읽었다. 그중 제목만으로는 전혀 기대하지 않았던 팀 페리스의《나는 4시간만 일한다》를 보고 큰 충격을 받았다. 기존의 내 사고관을 가장 크게 흔들었던 부분은 '20:80, 파레토의 법칙'이다. '20%가 80%의 중요성을 가진다'는 법칙은 이미 알고 있었던 것이다. 하지만 실제로 업무에 적용해볼 생각은 전혀 하지 않았다. 지식은 스스로 깨달음이 있을 때 지혜가 된다고 했던가. 나는 내 업무에 파레토의 법칙을 적용시킬 수 있는 부분이 있는지 깊이 생각해보기 시작했다. 그리고 그동안 내가 정한 일의 우선순위에 큰 문제가 있었음을 깨달았다. 나는 중요도와 상관없이 모든 업무에 내 시간과 노력을 올인하는 방식으로 일을 처리하고 있었다. 그리고 그것이 야근의 근본적인 원인이었다. 수년간 단 한 번도 중요한 일을 '먼저' 처리한 적이 없다는 사실을 깨닫고는 놀라지 않을 수 없었다. 나는 팀 페리스의 조언에 따라 하루에 중요한 일은 두 가지만 선택해 초집중해서 처리해보았다. 그리고 놀랍게도 효과는 곧바로 나타났다. 생산성이 최소 3배 이상 올라갔다.

두 번째로 나의 세계관을 바꾼 책은 롭 무어의 《레버리지》이다. 나는 이 책을 통해 '내가 힘들어하고 귀찮다고 느끼는 일이 누군가에게는 잘하고 좋아하는 일일 수도 있다'는 것을 처음으로 깨닫게 되었다. 그동안 다른 사람에게 일을 맡기지 못하고 버거워하면서도 모조리 혼자 떠안고 처리해왔던 내 업무 방식은 단단히 잘못되어 있었다는 사실을 깨달았다. '내 일은 내가 가장 잘해! 그러니 무조건 내가 책임지고 처음부터 끝까지 다 해야 해'라고 생각했던 기존의 뿌리 깊은 고정관념이 깨지기 시작했다. 그리고 혼자 모든 걸 떠안는 업무 방식으로 인해 실패했던 그동안의 일들이 주마등처럼 스쳐 지나갔다.

나는 다음 날 회사에 출근하자마자 함께 일하고 있던 팀원 한 명과 커피 타임을 가지면서 업무 위임에 관한 의견을 물었다. 그리고 그의 동의 하에 몇 가지 업무를 전권 위임했다. 함께 일하고 있던 에이전시에도 이전보다 더 적극적으로 업무를 믿고 맡겼다.

초반에 돌아온 업무의 퀄리티는 만족스럽지 않았다. 그러나 이전처럼 내가 직접 수정하기보다는, 협업 진행에 관한 프로세스를 다듬었다. 시스템은 계속 진화하며 선순환이 시작됐다. 그러자 에이전시에서 전달하는 업무의 퀄리티가 올라갔고, 컨펌 단계에서 릴레이로 이어지던 피드백 빈도는 점점 줄어들었다. 결과적으로 나의 야근 비중도 급격하게 줄기 시작했다.

원서로 읽게 된 사이먼 시넥의 《Start With Why》(국내에서는 《스타트 위드 와이》로 출간)에서는 '골든 서클 이론'에 관해 배웠다. 골든 서클 이론은, 생각할 때 Why, How, What 중 Why에서부터 시작하라고 강조한다. 대부분의 사람들은 어떠한 문제에 대해 얘기할 때 What, How, Why 순으로 접근하는데, 세상을 바꾸는 주인공들은 Why, How, What 순으로 접근한다는 것이다. 'Why'로부터 시작하는 관점을 갖게 되고 나니 경영인의 눈으로 보듯 비즈니스를 보는 시야가 확장되는 느낌이었다. 하나하나의 실행 요소를 보는 것이 아닌, '그래서 이걸 왜 해야 하는가' 하는 근본적인 이유에 대해 생각하기 시작했다. 마침, 사장급 리더 그룹 앞에서 신규 시장 현황에 관해 발표할 일이 있었다. 나는 여기서 '왜(Why)'에 관한 부분에 주목했고, 임원들로부터 날카로운 관점이었다는 칭찬을 받았다.

　대니얼 J. 래비틴^{Daniel J. Levitin}의《정리하는 뇌》를 읽으면서
는 하루 동안 쓸 수 있는 뇌의 용량이 정해져 있다는 개념을 알고
충격을 받았다. 그동안 생산성을 늘리기 위해 사용해왔던 각종
디지털 기기의 사용이 오히려 뇌 최적화에 도움이 되지 않는다는
것도 알게 되었다. 그 후로 디지털 기기의 사용 시간은 최대한 줄
이고, 중요한 업무부터 처리하려고 했다. 또한, 뇌 효율이 높은 오
전 시간에 가장 중요한 한두 가지 일을 집중해서 처리했다.

　한스-게오르크 호이젤^{Hans-Georg Häusel}의 쓴《뇌, 욕망의
비밀을 풀다》에는 카피라이팅과 마케팅 업무에 관한 힌트가 들
어있다. '림빅 시스템^{Limbic system}'이란, 뇌의 변연계로부터 비롯되
는 감정 체계를 말한다. 우리가 하는 대부분의 행위는 감정에서
출발한다. 그리고 그 감정의 중추가 바로 변연계이다. 우리가 어
떤 물건을 고를 때 이성적으로 판단한다고 생각하지만, 사실은
감정과 같은 무의식의 영향을 받는다는 것이다.

　림빅 시스템에 따르면 사람의 성격은 크게 3가지 유형으
로 나뉜다. 요약하자면 지배형, 자극형, 균형형이다. 그리고 각
유형마다 소비 성향이 다르다. 따라서 림빅 유형을 알고 이해하
는 것은 마케터는 물론 많은 사업가들에게 도움이 될 것이다.

　나는 이 이론을 알게 된 이후 내가 맡은 캠페인의 목적에
따라 카피라이팅을 다르게 적용하기 시작했다. 신제품이나 새로

움을 자극하는 경우에는 '자극 유형'이 반응할 수 있도록 기획했다. 캠페인과 제품의 성격에 따라 '지배' 혹은 '균형' 유형을 염두에 두고 작업하기도 했다. 동시에, 상사들의 유형 분류도 자연스럽게 할 수 있었다. 그동안 일부 사람들과 충돌했던 문제의 원인을 명쾌하게 파악할 수 있었고, 그에 맞게 대응할 수 있었다.

그렇게 계속해서 책을 읽어나갔다. 당시 내게 책 읽기는 단순히 교양을 쌓는 취미 활동이 아니었다. 무협지나 판타지를 보면서 다른 세상으로 텔레포트하는 활동이 아니라, 오히려 실제 세상과 현실을 무섭게 직면하는 시간이었다. 더 이상 도망치고 싶지 않았다. 오히려 세상과 더 세게 부딪혀보고 싶었다. 책을 읽는 목적은 '지금보다 내 인생을 조금만 더 낫게 만들자'는, 단 한 가지였다.

이처럼 책을 통한 인풋에 집중하던 때에 회사에서 크고 중요한 프로젝트를 맡아 이끌게 되었다. 업무량이 최고조에 이르렀음에도 나는 몇 가지 기법들을 활용해 독서를 이어갔고, 어느덧 100권의 책을 완독하게 되었다.

6개월 만에 나는 완전히 다른 사람이 되어 있었다. 마인드와 관점이 확대되었다. 사람의 내면이 이전보다 잘 보이기 시작했고, 독서 능력과 문해력이 향상되었다. 협상력이 업그레이드되었다. 뇌와 시간을 효율적으로 쓰기 시작했고, 소비자에서 생산자의 관점으로 바뀌게 되었다. 업무 역량이 향상되었음은 물론이다. 사내 프로젝트에서 역대 최고의 성과를 거둘 수 있었다. 이 모든 게 단 6개월 만에 일어난 일이라는 것이 스스로 놀라웠다.

나는 30대 중반까지 독서와는 거리가 먼 삶을 살았다. 어린 시절에는 아예 책과 담을 쌓고 살았다. 만화책이나 판타지 소설조차 읽지 않았다. 독서는 내게 어려운 일 중 하나였다. 초등학교 저학년이 읽는 수준의 큰 글씨로 쓰인 책도 한 시간에 30페이지를 미처 다 못 읽었다. 고등학교 시절에는 나름대로 집중해서 공부했지만 독해력이 부족했다. 어린 시절에 내공을 쌓지 못해서였던 것 같다. 독서의 어려움은 성인이 되어서도 이어졌다. 그랬던 내가 6개월 동안 100권의 책을 뗐으니 얼마나 절박한 심정으로 읽었는지 상상할 수 있을 것이다.

인풋을 최대화하는 독서법

그동안 워낙 읽은 책이 없었기 때문이었을까? 책을 읽은 후에는 나를 되돌아보고 반성하는 시간을 갖곤 했다. 기존에 가지고 있던 생각과 관점은 자주 박살났다. 그리고 파편처럼 흩어진 생각의 조각을 새롭게 붙이기 위해 글을 쓰기 시작했다. 그때부터 지금까지 4년째 글쓰기를 이어가고 있다.

처음에는 기존의 내 가치관이나 사고관에 변화를 가져오거나 자극을 주었던 책의 구절을 옮겨 적으면서 내 생각도 덧붙였다. 그리고 될 수 있으면 책장을 덮는 순간에 책에서 얻은 인사이트 중 적어도 한 가지는 바로 액션으로 이어가려고 했다. 때로는 행동이었고, 때로는 말하는 방식이었다. 업무에 적용하는 스킬이기도 했고, 사고방식이기도 했다.

동시에 여러 강의도 들었다. 글쓰기, 독서법, 생산성, 부동산, 창업 등 장르를 가리지 않았다. 3년이 넘는 시간 동안 책과 강의에만 1,000만 원 이상을 썼다.

본업과 동시에 시너지를 내는 활동을 하는 데는 스티븐 코비가 쓴《성공하는 사람들의 7가지 습관》에 나온, 시간 관리 매트릭스에서 도움을 얻었다. '아이젠하워 매트릭스'라고도 불리는 이 틀을 나만의 스타일로 적용했다.

나는 우선 기본적인 매트릭스 정리 방식에 따라 중요함과 긴급함으로 업무를 나누어 표로 정리했다. 1, 2, 3, 4분면으로 공간을 구분해 업무의 우선순위를 정해두었는데, 예를 들면 노트의 왼쪽 면에 일주일 분량의 매트릭스를 적고, 오른쪽 면에는 일 단위로 실제로 할 일을 상세 목록으로 정리했다.

하루를 마무리하기 전이나 다음 날 아침에는 우측의 할 일 목록을 확인했다. 일주일을 마무리하거나 다음 주가 시작되어 새롭게 매트릭스를 그릴 때는 지난주의 매트릭스 목록들을 확인하며 업무를 정리했다. 이처럼 각자 자기만의 시간 관리 틀을 만들어 사용해도 좋다.

또한, 할 엘로드Hal Elrod의 《미라클 모닝》을 읽고 새벽에 일어나기 시작했다. 약 1년 6개월 동안 새벽에 일어나 운동을 했다. 저녁 10시쯤 잠자리에 들고 새벽 3시에 일어나서 푸시업 100개를 하기도 했다. 이러한 '미라클 모닝'은 내가 자기계발적 성과를 내는 데 도움이 되었지만 부작용이 따랐다. 피로감으로 인해 오후 내내 에너지가 없었던 것이다. 이후 매슈 워커Mattew Walker의 《우리는 왜 잠을 자야 할까》를 읽으면서 무작정 일찍 일어나기보다는 총 수면 시간과 질에 좀 더 집중하기로 했다. 그리고 양질의 수면으로 확보한 에너지와 시간 관리 시스템을 통해 이전에는 단 한 번도 누려 보지 못했던 업무의 효과와 효율성 향상을 체감할 수 있게 되었다.

식단도 바꿨다. 나는 원래 콜라를 사랑하는 사람이었다. 이틀에 한 번꼴로 꼬박꼬박 마셨던 것 같다. 그러다가 데이브 아스프리Dave Asprey가 쓴 《최강의 식사》를 읽은 후부터, 커피에 버터와 MCT오일을 섞어 만드는 방탄커피를 마시고, '저탄고지' 식사를 하기 시작했다. 그리고 식단과 양질의 수면이 시너지를 내기 시작하면서 하루 종일 최상의 집중력을 발휘할 수 있게 되었다. 고등학교 때부터 시작됐던 심각한 식곤증도 사라졌다. 오후 5시면 바닥을 보이던 정신 체력도 개선되었다. 탄수화물을 줄이고, 설탕 섭취량을 조금 조절했을 뿐인데 전체적인 삶의 질이 향상된 것이다. 이는 업무에 있어서도 좋은 성과를 낼 수 있는 기초 체력이 되었다.

운동은 잘하지는 못하지만 좋아한다. 고3 시절 폐 수술 이후 무거운 걸 들지 말라는 의사의 권고가 있었지만, 나는 몸을 키우고 싶었다. 고3 때는 체중이 53~54kg까지 내려가기도 했다. 마른 몸은 늘 내게 콤플렉스였다. 20대 초반에 받은 PT 덕분에 체중을 65~68kg까지 늘릴 수 있었다. 좀 더 건강해지고 멋진 몸을 가질 수 있어 좋았다.

뇌 과학 관련 책을 읽으면서 운동에 관해 한 가지 새로운 사실을 깨달았다. 운동이 뇌와 업무 퍼포먼스의 치트키라는 것이다. 이에 관한 책으로는 하버드 의대 교수인 존 레이티^{John J. Ratey}가 쓴 《운동화 신은 뇌》와 《맨발로 뛰는 뇌》, 그리고 안데르스 한센^{Anders Hansen}의 《뇌는 달리고 싶다》를 추천한다. 나는 이와 같은 책들을 통해 운동이 뇌와 업무 퍼포먼스 최적화를 위한 엔진이 된다는 사실을 깨달았다. 위에서 언급한 책의 핵심 내용 중 하나는, 우리 뇌의 메커니즘은 인류가 수렵과 사냥을 하던 때의 생존 본능과 연결되어 있을 수 있다는 것이다. 선사시대의 인류는 신체 능력이 곧 생명력이었다. 또한 저자는 운동과 같은 신체 활동은 집중력을 올린다고 말한다.

이같은 이론을 토대로 현대 실험의 결과 대표적인 운동의 효과로는 성적 향상, 업무 능력 향상, 집중력 향상이 있었다. 나는 이러한 내용을 받아들인 후 뇌 활성화에 신경 쓰면서 운동을 좀 더 즐길 수 있게 되었다.

그 후 수면, 시간, 운동, 식단, 이 네 가지를 관리하는 일은 내 삶의 질을 높이고 업무 생산성을 높이는 기본 시스템으로써 자연스럽게 일상에 자리 잡았다. 독서, 글쓰기, 인풋, 아웃풋, 의식과 무의식 등 성과를 내는 데 필요한 활동들 또한 나의 일상에 편안하게 자리 잡았다. 나도 모르는 사이에 조금씩 나에게 꼭 맞는 체계로 변화하고 있었다.

이 과정 속에서 결정적인 도움을 주는 책을 만났다. 바로, 스콧 애덤스Scott Adams의 《열정은 쓰레기다》이다. (현재는《더 시스템》이라는 제목으로 출간되고 있다.) '성공하려면 열정을 불태워야 한다'고 강조하는 기존의 자기계발서의 메시지를 뒤엎는 이 책은 성공을 위해서는 목표를 이루려는 열정이 아니라 '시스템'이 필요하다고 말한다. 이 같은 내용은 그야말로 열정만을 좇았으나 처절히 실패했던 나에게 충격적인 깨달음을 주었다. 그리고 수많은 시행착오를 거쳐 나에게 맞는 시스템을 정립하면서 이 주장이 사실임을 스스로 증명할 수 있었다.

그리고 나는 8년 동안 한 가지 무술을 취미로 하면서 이러한 시스템을 좀 더 수월하게 만드는 한 가지 힌트를 얻을 수 있었다.

힘을 빼면 힘을 얻는다

나는 8년 정도 주짓수를 수련했다. 이 글을 쓰는 시점에는 퍼플벨트[4] 3그랄이다. 코로나 기간의 공백을 제외하면 대략 7년간 수련했다. 꽤 오랜 기간 주짓수라는 운동을 계속 할 수 있었던 이유는 정신과 몸의 힘을 뺐기 때문이다.

화이트벨트 시절, 나는 정신과 몸에 힘이 잔뜩 들어가 있었다. 일주일에 5일을 도장에 나갔다. 대회를 준비하면서 무리하다가 갈비뼈가 부러지기도 했다. 그 후에 또 다른 갈비뼈에 금이 갔고, 다음에는 손가락이 골절됐다. 부상을 당할 때마다 내 자신에게 화가 났다. 한 달 넘게 수련을 하지 못하는 상황이 너무나 아쉬웠기 때문이다. 결과적으로 그 어떤 대회에도 나갈 수 없었다.

그럼에도 나는 2년을 채우고 블루벨트로 승급했다. 블루벨트 시기에는 보통 '블루 블루스'[5]라는, 말 그대로 침체기를 겪다가 그만두는 사람들이 많다고 한다. 나는 이 기간 또한 잘 넘기고 퍼플벨트로 승급했다. 비결은 역시 무리하지 않았기 때문

---

4   주짓수는 띠 승급 기간이 꽤 오래 걸린다. 띠 체계는 화이트벨트, 블루벨트, 퍼플벨트, 브라운벨트, 블랙벨트 순으로 진행된다. 블랙벨트에서 3년 단위로 단 승급이 진행된다. 이후 코랄벨트라는 명예의 전당과도 같은 레벨도 있다. 블랙벨트를 따기 전까지 각 벨트 별로 승급하는 데 걸리는 기간은 보통 2~3년이다. 물론, 수련 양과 개인 실력에 따라 조금 더 짧거나 길어질 수도 있다. 화이트에서 블랙까지는 보통 8~12년 정도 걸린다.

이다.

　화이트벨트 시절 과한 열정에서 비롯된 잦은 부상과 그로 인한 대회 출전 좌절은, 나 스스로를 돌아보는 계기가 되었고 생각 전환의 기회가 되었다. 갈비뼈에서 금이 갔을 때는 웃을 때마다 몸이 아팠다. 새끼손가락 골절 치료를 위해 주말에 응급실에 가는 일도 있었다. 일할 때 키보드 치는 일조차 고통스러웠다. 이런 상황이다 보니 아내는 이렇게 계속 부상을 당할 바에는 다른 운동을 하는 것이 낫지 않겠느냐고 진지하게 충고하기도 했다. 결국 나의 건강과 회사 업무, 가정에 충실하기 위해 욕심을 버리고 좀 더 편안하게 운동해야겠다고 마음먹었다.

　그때부터 주 2~4회의 출석 빈도를 유지했고, 스파링을 할 때도 너무 열심히 하지 않으려고 했다. 대신 출석 자체에 좀 더 집중했다. 그러자 어느덧 퍼플벨트가 내 허리에 감겨 있었다.

　내가 지난 4년 동안 100권 이상의 책을 읽을 수 있었던 비결도 이와 같다. 독서를 할 때는 종수에 집착하지 않았고 정신적으로 힘을 뺐다. 그저 읽다 보니 어느 순간 100권을 넘긴 것이다.

　이러한 힘 빼기 전략은 회사 생활에서도 먹혔다. 승진에

5　통상적으로 전 세계 주짓수 시작 인구 중 10~15%가 블루벨트를 받는다고 한다. 그리고 블루벨트 중 10%가 블랙벨트를 받는다. 즉, 주짓수를 시작하는 화이트벨트 중 1%만이 블랙벨트를 받는 셈이다. 블랙벨트까지 가기 전, 주짓수를 가장 많이 그만두는 구간이 블루벨트라서 '블루 블루스'라는 명칭이 생기기도 했다.

대한 집착을 내려놓고 새로운 삶을 준비하는 데 더 신경을 썼다. 재테크에도 관심을 가졌고, 가정과 육아에 에너지와 무의식을 집중하려고 했다. 그러자 회사 생활에 대한 스트레스가 줄었고, 아이러니하게도 3년 연속 상위 평가를 받게 되었다. 힘을 빼고, 그저 편안하게 책, 강의 등에서 배우고 내게 맞게 변형한 전략과 방법으로 업무를 이어나간 결과였다. 업무 성격상 일을 몰아서 해야 하는 일부 시즌을 제외하고, 나는 거의 매일 칼퇴하며 일과 삶에 있어 균형 잡힌 생활을 했다.

　　다만 '힘을 빼고 균형을 잡으라'는 말에서 오해하지 말아야 할 것이 있다. 힘을 뺀다는 것이 아예 힘을 주지 않는다는 뜻은 아니라는 것이다. 나는 일을 할 때 불필요한 힘을 뺐을 뿐, 회사에서 '워라밸'을 외치며 다음에 놀러 갈 여행지를 생각하거나, 인스타그램을 몰래 보거나 하는 등의 '딴짓'을 하지 않았다. 주짓수 수련 역시 과도한 목표를 만들거나 내 몸과 마음을 모두 퍼붓지 않았을 뿐, 열심히 출석하고 멈추지 않았다. 마찬가지로 영어 공부도 꾸준히 지속했다. 그저 '하나 더! 하나 더!' 하는 욕심과 집착이 마음속에 떠오를 때, 그것을 살짝 내려놓았을 뿐이다. '죽을 만큼' 하지 않고, '할 만큼'에 집중했다. 힘을 줘야 할 때 제대로 힘을 줬다. 내게 중요한 20%의 일에 집중했다.(이와 관련해서는 '파레토의 법칙'을 참고했다. 이 법칙은 뒤에서 자세히 설명할 것이다.) 에너지를 순간적으로 쏟아, 공이 자기 앞에 왔을 때 폭발적인 움직임을 보여주는 일류 축구선수와 같이 집중했다. 그리고 이처럼 강약을 조절하고, 꼭 필요한 순간에 힘을 발휘하는 방식을 통해, 성과를 챙기면서도 지속가능한 실행 에너지를 얻을 수 있었다. 나는 '열심히'에만 집착했던 과거를 버리고 새로운 법칙을 통해 앞으로 나아가고 있었다.

'열심'보다 중요한 것

"죽을 만큼 노력했어요."

"매일 3시간 자면서 일만 했어요."

"악착같이 해서 결국 해냈습니다."

성공과 관련한 이야기를 들을 때, 빠지지 않고 나오는 단골 멘트들이다. 나는 이런 방식으로 성공한 모든 사람들을 존경한다. 경외감마저 들 때도 있다. 하지만 꼭 '죽을 만큼 열심히' 해야만 성공하는 걸까? 이것이 유일한 방법일까?

당신이 지금까지 살아온 삶, 혹은 회사 생활을 돌아보기 바란다. 한번 진지하게 생각해보라. 당신은 지금까지 열심히 일했는가? 지금까지 일을 게으르게 처리했는지 아니면 정말 '죽을 만큼' 열심히 일했는지, 스스로 알고 있을 것이다.

그리고 이 책을 읽고 있는 당신이라면 아마도 '부끄럽지 않을 만큼은 열심히 일했다'고 말할 수 있으리라 생각한다. 그런 당신에게 어느 상사나 선배, 혹은 동기부여 연설가는 다음과 같이 말할지도 모른다.

"에이~ 죽을 만큼 열심히 한 건 아니잖아요.
더 해봐요!"

반대로 무작정 위로해주는 '힐러형' 조언자도 있다.

"당신은 이미 완벽한 사람입니다.
당신의 존재만으로도 이미 충분합니다.
스스로를 너무 몰아붙이지 마세요."

정답은 무엇일까? 둘 다 맞을 수도 있고 틀릴 수도 있다. 채찍과 같은 추진 에너지가 필요한 사람이라면 전자의 메시지에서 힘을 받을 것이다. 당근으로 힘을 받는 유형이라면 후자의 메시지에서 에너지를 얻을지 모른다. 어떤 방식으로든 당신을 더 나은 방향으로 변화시킬 수 있다면 그것이 맞을지 모른다. 그런데 나는 조금 다른 이야기를 해보려고 한다.

'열심히'에 너무 집착하지 마라.

그렇다면 '열심'의 기준은 무엇일까? 사전적 정의는 다음과 같다. '어떤 일에 온 정성을 다하여 골똘하게 힘씀. 또는 그런 마음.' 좋은 단어다. 문제는 현실에서의 '열심'에 과도한 양념이 붙을 때 발생한다.

"죽을 만큼 열심히 했어요."
"매일 3시간 자면서 열심히 했어요."
"악착같이 열심히 해서 결국 해냈습니다."

정말로 모든 사람이 이렇게 '열심히' 하기만 하면, '원하는 것'을 얻을 수 있을까? 만약 당신이 무언가를 수년간 열심히 해왔지만 결과가 좋지 않다면 그건 어떻게 해석해야 할까? 나는 당신이 이 페이지를 넘기는 순간부터 자신이 하고 있는 일에 있어 더 이상 '죽도록 열심히' 하는 것을 미덕으로 여기지 않기를 바란다. 이 방식은 오히려 당신이 목표를 이루는 것을 더 힘들게 만들고 있을지 모른다. 이제는 조금 다른 차원의 생각을 해보면 어떨까? 무슨 일이든 좋은 컨디션과 최적화된 시스템 위에서 '효과적이고^{Effectively}', '효율적으로^{Efficiently}'으로 하는 데 집중해보는 것이다.

열정을 이기는 루틴을 만들어라

앞서 밝힌 바와 같이 나는 열정, 노력, 열심에 집착하면서 살아가던 '익스트리머(열정론자)'였다. '열정', 왠지 빨간색과 노란색이 이글거리며 뒤섞여 있을 것 같은 이미지를 가진 단어. 멋지지 않은가? 내게는 낭만적인 느낌마저 준다. 열정은 영어로는 'Passion[ˈpæʃn]'이다. [ˈpæ]에 강세가 붙으며 터지는 [p] 소리와 끝날 때의 [ʃn] 음소조차 어딘가 영혼을 담은 듯한 느낌이 들어서 발음할 때마다 에너지를 준다. 모든 걸 다 쏟아내는 듯한 에너지가 단어를 발음하는 입안에서도 느껴진다. (그래서인지 영미권에서는 예수님의 수난을 영어로 'The Passion of Christ(Jesus)'라고 하기도 한다.) 과거에 나는 이 단어를 참 좋아했다. 내가 나 스스로를 표현할 때 쓰고 싶은 수식어이기도 했다.

〈위플래쉬Whiplash〉라는 영화를 본 적이 있는가? 영어 단어 'Whiplash'는 채찍질을 의미한다. 영화에서 드러머인 주인공은 혹독하다 못해 악독하기까지 한 스승에 의해 자기 스스로를 미친 듯이 채찍질하며 실력 향상을 위해 노력한다. 대부분의 사람들이 이 영화를 보며 '너무 가혹하다'는 느낌을 받았을 것이다. 그러나 나는 '바로 이거다!'라고 생각했다. 영화에서는 드라마틱한 연출을 위해 좀 과하게 표현된 부분도 있지만, 나에겐 주인공의 그런 열정과 노력이 멋지게 다가왔다. 이런 것이 진정 자신의 열정을 모두 바치는 몰입이 아닐까 생각했다.

나 역시 중학생 때 주인공처럼 드럼에 몰두했던 적이 있다. 10시간이 넘게, 그야말로 음악에 미친 사람처럼 계속해서 드럼을 쳐보기도 했다. 10대 후반~20대 초반에는 보컬 트레이닝에 큰 관심을 가졌다. 집에서 왕복으로 3시간 거리에 있는 학원에 다니면서, 그날 배운 내용을 몇 시간 동안 계속해서 연습했던 기억이 난다. 집에서도, 친구들을 만날 때에도, 어디에서든 하루 종일 호흡과 발성법에 대해 생각했다. 폐가 터질 때까지 연습하기도 했다. (은유법이 아니라 실제로 폐포에 또 문제가 생겨서 병원에 가기도 했다.)

20대 후반에는 일렉 기타를 배웠다. 당시에는 꽤나 지루한 기본기 연습을 10시간 넘게 이어서 했다. 도레미파솔라시도, 펜타토닉 스케일, E 마이너/메이저 스케일이라는 기본기 연습이었다. 느린 메트로놈 속도에 맞춰 무한 반복했다.

이쯤이면 모두 눈치챘겠지만, 나는 무언가를 하려면 나를 몰아붙여서 끝까지 제대로 해야 한다는 생각을 갖고 있었다. 그 결과 대부분의 과정이 고통스럽고 힘들었다. 그러나 그렇게 고되게 오래 해야만 좋은 결과를 얻을 수 있는 것이라고 생각했다.

그렇게 약 8년의 시간 동안 '열정이 최고지!'라고 생각하며 살았다. 그러다가 스콧 애덤스의 《열정은 쓰레기다》라는 책을 만나게 됐다. (이 책은 이후 《더 시스템》으로 제목이 바뀌어 출간

되었다.) 이 책은 제목만으로도 내가 평생 가져왔던 가치관과 무의식을 산산조각 내버렸다. 한없이 열정을 불태우고 공황장애 초기 증상을 경험하는 등 신체적, 정신적 질병을 얻고 나서야 비로소 나에게 맞는 루틴을 찾았다. 삶과 일에 있어 지속가능한 성과를 거두고 있는 지금에 이르고 나니, 나는 스콧 애덤스가 말한 대로 '열정을 이기는 것은 결국 시스템'이라고 자신 있게 말할 수 있게 되었다. 몸과 마음에 저항을 받지 않으며 자연스럽게 흘러가는 습관과 같은 시스템은 내가 예상했던 것보다 훨씬 더 강력한 힘을 발휘했다.

뛰는 놈 위에 나는 놈,

나는 놈 위에 즐기는 놈,

즐기는 놈 위에,

시스템 안에서 자연스럽게

지속하는 놈이 있었다.

(심지어 어느 순간 즐김)

어느 방송에 출연한 김연아와 펠프스의 코멘트가 온라인에서 회자된 적이 있다. 올림픽 금메달리스트이자 각자의 분야에서 레전드라 불리는 그들은 방송에서 똑같은 메시지를 전하고 있었다. 펠프스 선수는 인터뷰에서 "전 오늘이 무슨 요일인지도 몰라요. 날짜도 모르고요. 그냥 수영만 해요"라고 말했고, 김연아 선수는 스트레칭을 하면서 무슨 생각을 하고 있는지 묻는 이에게 "무슨 생각을 해… 그냥 하는 거지"라고 대답했다. 나는 이처럼 몸을 저절로 움직이게 하는 루틴의 강력함을 깨닫기 전까지 뛰는 놈, 나는 놈, 즐기는 놈을 이길 수 있는 것은 '열정적인 놈'이라고 생각했다. 하지만 번아웃과 같은 부작용 없이 열정보다 훨씬 강력한 힘을 발휘하는 에너지는 바로 일상에 자리 잡은 루틴, 시스템이라는 것을 깨달았다.

　　나는 지금까지 회사에 자신의 영혼을 갈아 넣는 이들을 수없이 봐왔다. 우리나라 사람들의 일에 대한 열정은 그야말로 원탑이다. 11년 넘게 외국계 기업에서 일하다 보니 다양한 국가의 사람들과 일하게 됐다. 그런데 적어도 이들 중에는 한국 사람들처럼 죽어라 일하는 사람은 없었다.

　　우리나라 사람들은 거의 모든 업무와 요구 사항에 늘 'Yes'를 외쳤다. 말도 안 되는 상황 속에서도 거의 모든 일을 해냈다. '한강의 기적'은 과거의 이야기가 아니다. 거의 매일 직장에서 일어나는 일이다. 그러나 다른 나라 사람들은 목표가 말도 안 되게 높으면 곧바로 'No!'를 외쳤다. (그 와중에도 우리나라 사람들은 'Yes'를 외쳤다. 그리고는 어떻게 해서든 목표를 달성했다.)

　　소위 '예스맨'들 중에는 엄청난 후폭풍을 겪는 이들도 있었다. 과거 오랜 시간 일에 혼신을 다했던 고위직 관리자가 있었다. 이 분의 커리어는 완벽했다. 사람들과의 관계도 좋았다. 회사 안에서 대부분의 사람들로부터 좋은 평판을 받는 대단한 분이었다. 하지만 그분의 몸은 그 상황을 버티지 못했던 것 같다. 건강 문제로 퇴사하신 후 상태는 더욱 악화되었고, 안타깝게도 몇 년 전에 병으로 세상을 떠나셨다는 소식을 들었다. "잘해보세요!" 하며 나에게 응원의 기운을 북돋아주시던 모습이 아직도 생생하다. 마음이 너무나 아팠다.

이목을 집중시킬 만큼 중요한 프로젝트를 총괄했던 리더 중에는 평생 동안 달고 가야 할 심각한 병을 얻은 분도 있다. 몇 년 전에는 과로사에 대한 기사를 읽기도 했다. 결혼기념일에 새벽까지 야근한 분의 이야기였다. 일을 하다 잠시 휴식을 취하러 나갔다 오겠다고 했으나 다시 돌아오지 못했다고 한다. 이 글을 읽고 있는 당신도 이런 이야기를 한두 번은 들어 보았을 것이다.

당신도 혹시 과거의 나와 같은 익스트리머인가? 그렇다면 이제 그 상태에서 벗어날 준비를 하자. 새로운 모드를 켤 차례다. 그 모드의 이름은 '아웃풋 시스템'이다.

이 시스템이 작동하는 곳은 훨씬 더 편하고, 풍요롭다. 좀 더 여유롭고, 균형이 잡혀 있다. '아니, 이렇게 일을 해도 되나? 그런데 왜 성과가 더 잘 나오는 거지?' 하며 의아해할 정도로 완전히 다른 세계다.

익스트리머 모드는 생명이 짧다. 단기적으로는 이를 통해 활활 뜨겁게 타오를 수 있을지 모른다. 하지만 지속되었을 때는 부작용이 따른다. 나의 경우, 몸이 아프거나 마음이 아팠다.

새로 만날 모드인 아웃풋 시스템은 뜨겁다기보다는 따뜻하다. 하지만 오래 간다. 좀 더 편안하게 힘들이지 않고 오래 갈 것이다.

인풋을 실행하고, 지속하라

자기계발이나 사업·투자 관련 강의를 보면 "자, 이제 실행만 하면 됩니다"라는 말을 자주 듣게 된다. 커뮤니티 혹은 오프라인 모임에 참석해보면 '실행력이 가장 중요하다'는 말을 쉽게 들을 수 있다. 그런데 도대체 실행력이라는 것은 무엇일까? 혹자는 단순히 '시작하는 힘' 정도로 생각할 것이다. 표준국어대사전에서는 실행력을 '자기의 생각을 실제로 행하는 능력'이라고 정의하고 있다. 고려대 한국어대사전에서는 '생각한 바를 실제로 행하는 능력'이라고 밝혔다.

실행력은 시작과 동의어가 아니다. 실행은 끝까지 해내는 능력이다. 중간에 발생하는 수많은 문제를 해결하면서 끝까지 나아가 결과를 만들어내는 일이다. 실행할 때, 우리는 일반적으로 세 가지 단계를 거친다. 시작, 지속, 마무리 단계다.

보통은 첫 단계부터 쉽지 않다. 하지 않던 것을 새롭게 시작한다는 것은 굉장한 정신적 에너지가 필요한 일이다. 로켓이 하늘로 치솟을 때 발사대에 뿜어내는 소음과 불길을 떠올려 보라. 하지만 힘들게 발사됐다고 해서 미션에 성공한 것도 아니다. 우리도 역시 시작하자마자 다음 난관에 부딪히게 된다.

바로 두 번째 단계인 지속하는 일이다. 무엇이든 지속할 때 결과를 가져올 수 있다. 이 단계에서 사람들은 보통 두 가지 어려움을 마주하게 된다. 지루함과 한계다. 배운 것을 그대로 실천하는 일조차 내 마음대로 되지 않는 일이 태반이다. 이때 '역시 난 안 돼!' 하면서 포기하는 사람이 생긴다. 그러나 지속 단계를 무사히 통과하고 나면, 성취감과 함께 한층 성장한 자신을 느낄 수 있을 것이다. 그러나 여기서도 아직 끝난 것이 아니다. 실행을 지속하고 끝까지 마무리해서 결과를 얻는 마지막 단계가 기다리고 있다. 만약 2단계에서 포기한 상황이라면 결과는 없고 이론은 빠삭한 '방구석 전문가'에 그치게 된다. 이들은 자신은 이루지 못한 3단계 마무리까지 가려는 사람들에게 종종 김빠지는 소리를 하기도 한다.

"내가 해봤는데 안 되던데?"

"그거 해서 뭐하냐? 안 될 것 같은데?"

"내가 진심으로 너를 걱정해서 하는 이야기인데, 그거 안 돼."

이들의 질시와 방해(?)를 딛고 계속해서 나아가야만 비로소 마무리 단계에 도달할 수 있다. 마지막 2% 남은 결말을 향해가는 일은 시작할 때와 마찬가지로 생각보다 큰 에너지가 필요하다. 개인적으로는 이러한 '마무리 실행'이 '시작하는 실행'보다더 힘든 경우가 많았다. 예를 들어 보자.

1. 시작 실행 단계 – 총 50% 완료
사내에서 수많은 프로젝트를 진행하면서 아이디어와 기획단계에 에너지를 쏟는다.

2. 지속 실행 단계 – 총 80~98% 완료
계획을 직접 실행하다 보면 문제가 쏟아지기 시작한다. 이것들을 하나씩 해결하고 극복하면서 계속해서 나아간다.

3. 마무리 실행 단계 – 100%+@ 완료
캠페인 론칭 하루 전에는 밤을 새지 않을 수 없다. 완벽하게준비했다고 생각했는데 수정할 것이 자꾸만 튀어나온다. 론칭 후 진행되는 과정 역시 긴장의 연속이다. 문제가 터질 때마다 빠르게 보완하고 대응해야 한다.

지금까지 실행의 3단계에 관해 살펴보았다. 시작은 열정으로 어떻게든 될지 모른다. 힘들게 2단계까지 갈 수도 있다. 하지만 시스템이 없는 상태에서는 3단계인 마무리 실행 단계에 다다르기 쉽지 않다. 이런 방식으로 끝까지 해낸다고 해도 빈도가 누적되면 번아웃이라는 부작용을 경험할 수도 있다. 목표 달성이라는 마라톤 게임을 완주하기 위해서는 열정보다 자신에게 맞는 훈련 루틴이 더 도움이 되는 것과 같다. 시스템을 통해 균형을 잡고 목표를 향해 나아가는 일은 마지막 골인 지점까지 안정적인 호흡을 유지하는 일과 같다. 호흡을 안정적으로 유지할 수 있는 속도와 보폭의 규칙을 알고 있다면, 좀 더 편안하게 미션을 완수할 수 있을 것이다.

1장 요약

'열심히만 하지 마라. 노력은 당신을 배신할 것이다. 열정을 이기는 루틴을 만들어라.' 1장의 메시지는 곧 이 책이 말하는 메시지이기도 하다. 번아웃과 같은 부작용 없이 열정보다 훨씬 강한 힘을 발휘하는 에너지는 바로 일상에 자리 잡은 루틴, 시스템이다. 나는 나만의 '아웃풋 시스템'을 만들고 이전보다 덜 일하면서 최고 성과를 내는 인생을 살고 있다. 이제 여러분 차례다.

1. **당신은 어떤 부류인가.** 만약 열정만을 좇는 '익스트리머(열정론자)'에 해당된다면 이제부터 자기만의 시스템을 만드는 방법을 찾아라. 익스트리머 모드의 수명은 짧다. 최대 효율의 인풋을 만들고 그것으로 최고 효과의 아웃풋을 낼 수 있는 방법을 연구하라.

2. **앞서 성공한 이들에게 배워라.** 책이든 강의든 누구에게든 먼저 배워라. 인풋이 있어야 아웃풋이 있다. 나는 6개월 동안 100권의 책을 읽었고, 거기에서 얻은 지견을 도구 삼아 내 인생을 바꿀 아웃풋 시스템을 찾았다.

3. **인풋을 실행하라.** 단순히 보고 듣고 느끼기만 한 것으로는 인풋이라고 할 수 없다. 한 권의 책을 읽었다면 그 안에서 얻은 인사이트 중 적어도 한 가지는 내 것으로 만들어야 한다. 책을 덮자마자 내용 중 딱 한 가지만 바로 실행해보라.

4. **무슨 일을 할 때 너무 몸과 마음에 힘을 '팍' 주고 시작하는 습관을 버려라.** 운동을 할 때도, 일을 할 때도, 다이어트를 할 때도 무조건 내 모든 에너지를 쏟아내는 것보다, 힘을 줘야 할 때만 제대로 힘을 주는 것이 더 효율적이다.

5. **'열심히'에 너무 집착하지 마라.** 자기만의 시스템을 통해 더 효과적이고 효율적으로 하는 데 집중하라.

6. **인풋은 아웃풋으로 이어질 때 의미 있다.** 자기계발 관련 강의나 책을 보고 인사이트를 얻는 것도 중요하지만, 그 깨달음을 실행하는 것이 더 중요하다. 실행력은 시작과 동의어가 아니다. 실행은 끝까지 해내는 능력이다. 한 가지라도 시작해서 끝까지 해내는 습관을 들여라.

7. **실행에도 단계가 있다.** '시작 실행', '지속 실행', '마무리 실행', 3단계로 이어진다. 누구나 시작은 어떻게든 할 수 있다. 그러나 시스템이 없는 상태에서는 3단계인 마무리에 도달하기 쉽지 않을 것이다. 목표 달성이라는 마라톤 게임을 완주하기 위해서는 열정보다 자신에게 맞는 훈련 루틴이 더 도움이 된다. 좀 더 안정적이고 지속가능한 하이퍼포먼스를 위해 이제부터 자기만의 실행루틴을 찾아보자.

CHAPTER 2

어떻게
인풋을 최대화할 것인가

최고의 인풋을 위한 마인드셋

당신이 만약 지금까지 자기계발서를 수십 권 읽었으나 아무런 변화가 없었다면, 실전에 돌입하기 전에 선행되어야 할 마인드셋 설정 단계를 생략했기 때문일 가능성이 크다.

나는 지금까지 수백 권에서 많게는 1천 권에 가깝게 책을 읽어도 결코 변화하지 못하는 사람을 봐왔다. 반대로, 단 한 권의 책을 읽고도 그 내용을 토대로 놀라운 아웃풋을 보여주는 사람도 만났다. 그렇다면 이러한 차이는 어디에서 생기는 것일까? 내가 찾은 답은 바로 마인드에 있었다.

물처럼 유연하게 받아들여라

나는 'Be Water 마인드'라는 개념을 소개하고자 한다. 절권도의 창시자이자 영화배우였던 이소룡Bruce Lee은 지금까지도 수많은 UFC 선수들이 존경하는 인물로 꼽힌다. '이소룡은 그냥 무술 배우 아닌가?' 하고 생각하는 사람도 있을 것이다. 그는 영화배우로 유명했지만 무술가였고 동시에 철학가이기도 했다. 그리고 그 근간이 되는 마인드가 바로 'Be Water 마인드'이다. 말하자면 '물이 되라'는 것이다.

"다 받아들이고, 다 버린다.
그리고 내게 맞는 것만 남긴다."

이소룡은 또한 인터뷰에서 아래와 같은 말을 남기기도 했다.

"Empty your mind.
Be formless, shapeless, like water.
You put water into a cup, it becomes the cup.
You put water into a teapot, it becomes the teapot.
You put it into a bottle, it becomes the bottle.
Now water can flow, or it can crash!
Be water, my friend."

_브루스 리ǀBruce Lee

내 방식대로 해석한다면 다음과 같다.

(기존에 갖고 있던 편견, 생각은 잠시 뒤로 하고 그저 편안하게)

마음을 비우세요.

물,

물은 어떠한가요?

형태와 모양이 없습니다.

물이 컵에 들어가면 어떻게 되나요? 컵의 모양을 갖습니다.

찻잔에 들어가면? 찻잔의 모양이죠.

병으로 가면? 병이 됩니다.

물의 속성은 또 어떠한가요?

흐르기도 하지만 파괴하기도 합니다.

물이 되세요.

물과 같이 유연해지세요.

　　실제로 그는 영춘권이라는 무술의 틀 위에서 다양한 장르를 받아들였다. 펜싱 스텝을 넣고 무기술武器術을 연마했다. 태권도의 발차기와 권투의 펀치 체계를 접목하기도 했다. 나중에는

'그래플링(레슬링, 주짓수, 삼보와 같은 무술)'도 사용하려고 했던 걸로 알려져 있다. 그래서 절권도에는 다양한 기술들이 섞여 있다. 그럼에도 불구하고 동작은 절도 있고, 필요한 최소한의 움직임으로 진행된다.

이처럼 다른 장르의 기술을 조합하는 것은 당시 무술계에 큰 충격을 가져다주었다. 당시 무술가들은 본인들이 집중했던 무술의 세계관 속에 갇혀 있는 경우가 대부분이었기 때문이다. 이소룡이 절권도를 만들어가던 방식은 현대 격투기, MMA의 시초가 되었다.

'Be Water 마인드'는 모든 영역에 적용할 수 있다. 이런저런 방법들을 의심이나 저항감 없이 받아들이고, 일단 한번 해보는 것이다. 실제로 내가 업무 영역에서 적용했던 사례를 몇 가지 소개한다.

나는 2019년 우연히 유튜브에서 구글에서 만든 제품인 '타임타이머Time Timer' 관련 영상을 보게 됐다. 구글의 담당자가 생산성 향상을 위해 쓰고 있다며 소개하는 내용이었다. 호기심에 곧바로 인터넷에서 제품을 구매했다. 처음에는 이 단순한 도구가 어떻게 업무 생산성을 올려줄 수 있는지 의심하는 마음이 더 컸다. 당시 나이키코리아 사무실 안에서 이 도구를 책상에 올려놓고 사용하는 사람은 내가 유일했다. 지나가는 몇몇 직원들이 호기심 어린 눈으로 '이게 뭐냐'며 관심을 가질 때마다 내가 너무 유난을 떠는 게 아닌가 민망한 생각이 들었지만, 우선 한두 달만 써보기로 했다. 그리고 그 후 타임타이머는 5년이 넘도록 내 생산성 향상의 치트키가 되어주었다.

에델만코리아에 재직 중일 때에도 역시 생산성을 높여준 다는 많은 강의에 돈을 쓰면서 의심부터 품었다. '사무직 일이야 뻔한데 왜 그런 기본적인 것을 배워야 하지? 아무도 이런 강의 는 듣지 않는데 나만 유난 떠는 거 아닌가?' 하고 생각했다. 당시 강의에서는 서류 정리하는 방법을 배웠다. 한 박스에 서류를 모 두 넣고 하루에 몇 번 몰아서 처리하는 방식이다. 왜 분류를 하 지 않는지 이상했지만, 우선 해보자고 마음먹고 실행해보았다. 그랬더니 거의 일주일도 안 되어 서류가 밀리는 문제가 해결되 었다. 같은 원리로 이메일을 하나의 메일함에 몰아넣고 한 번에 처리하는 방식으로 바꾸자 밀리던 이메일 업무가 말끔히 해결되 었다. 당시 나는 메일을 상사나 팀별로 자동으로 분류하는 기능 을 사용하고 있었다. 나름대로 힘들게 자동화해둔 세팅이었는데 그것을 버리자니 아쉽게도 했다. 한꺼번에 처리하다니 후진적인 방식이 아닌가 생각하기도 했다. 하지만 강의에서 추천한 그 방 식을 따르고부터 매일 정신없이 쌓여 있던 이메일과 서류 업무 를 깔끔하게 처리할 수 있게 되었다.

2022년에 일본의 유명 작가이자 사업가인 간다 마사노 리의 《비상식적 성공 법칙》이 재출간되었다. 책 내용 중 '포토리딩'이라는 혁신적인 독서법이 단연 화제였는데, 당시 내가 속해 있던 카톡 단체 채팅방에서 역시 '된다 vs. 안 된다'로 설전이 벌어지기도 하는 등 관심이 집중됐다.

나는 일단 시도해보기로 했다. 지금은 절판된 폴 R. 쉴리 Paul R. Scheele가 쓴 《포토리딩》의 3판(3번째 개정판) 국문 버전을 몇 만 원의 웃돈을 주고 구매해서 읽으며 그대로 해보았다. 개인적으로 3판의 책으로는 제대로 이해하기가 어려워서 이번에는 영문으로 된 4판 원서를 구해 다시 시도했다. 머리로는 이해를 하며 좀 더 감을 잡을 수 있었지만, 여전히 체득하기는 어려웠다. 그래서 결국 포토리딩의 창시자에게 직접 배워보기로 했다. 그렇게 수백만 원의 비용을 지불하고 1년간의 포토리딩 과정을 수료한 끝에 마침내 포토리딩 독서법PhotoReading Whole Mind System을 제대로 익힐 수 있었다. 이 기술은 그때부터 지금까지 요긴하게 쓰이고 있다.

많은 사람들이 책 읽기와 글쓰기가 인생에 있어 큰 도움이 된다고 말한다. 나도 그 말을 믿었기에 4년 동안 약 400권 이상의 책을 읽었다. 그리고 3개의 블로그에 300건 이상의 글을 쓰면서 생각을 정리하기도 했다. 또한 총 4권의 전자책을 발행했다.

책을 읽고, 글을 쓰다 보니 실행은 자연스럽게 따라왔다. 막연한 이해가 글로 재정리되면서 실천에 대한 의지 역시 자연스럽게 생겨났다. 생산성이나 업무 관련 책을 읽고 나서는 다음 날 또는 당일에 회사 업무에 바로바로 적용하기 시작했다. 문해력이 향상된 것은 두말할 것도 없다. 업무 성과가 향상되면서 1년에 연봉이 두 번 오르기도 했다. 나는 이렇게 업무와 삶에 있어 'Be Water 마인드'를 적용하고 있었다.

퇴사 후 와디즈에서 이러한 나만의 생산성 향상 콘텐츠를 담은 전자책을 펀딩하기 위해 준비하는 과정에서도, 당장 나에게 필요한 디자인 툴이나 Chat GPT 사용법을 익히는 등 다양한 기술을 받아들임으로써 만족스러운 결과를 얻을 수 있었다. 무언가를 새롭게 익히고 적용하는 일은 분명 생각보다 많은 에너지를 필요로 한다. 그러나 그 전에 무엇이든 일단 받아들이고 시작해보겠다는 마인드를 갖고 있다면, 계속해서 무언가에 도전하는 데 큰 도움이 될 것이다.

"Be Water, My Friend."

_브루스 리

뇌는 당신의 생각보다 더 뛰어나다

불과 몇십 년 전까지 뇌 과학계에서의 뇌 기능에 관한 주된 이론은, 뇌는 성장을 다하면 그대로 안정화된다는 것이었다. 하지만 최근 여러 연구 결과에 따르면, 학습이나 환경에 따라 뇌 세포는 계속 성장할 수 있다고 한다. 이러한 사실은 우리가 더 이상 '나이 때문에'라는 핑계를 댈 수 없다고 말한다. 실제로 나는 서른이 넘어서 수많은 새로운 것들을 익힐 수 있었고, 지금 역시 다양한 것들에 도전해 나가며 성과를 얻고 있다.

이번 장에서는 바로 이러한 '뇌와 신경가소성*neuroplasticity*'에 관해 이야기해보려고 한다. 위 영어 단어의 중간에 굵게 표기한 부분을 살펴보자. 플라스틱이라는 단어가 보일 것이다. 플라스틱은 뜨겁게 만들어 녹인 다음, 형틀에 부으면 그것에 맞게 형태가 변한다. '뇌가 플라스틱처럼 변할 수 있다는 개념인가?'라고 생각했다면? 정답이다!

나는 지금까지 뇌 과학과 관련해 수십 권의 책을 읽었다. 그리고 그 책들에서 자주 등장하는 핵심 개념 중 하나가 바로 뇌가소성이었다. 뇌가소성은, '뇌세포와 뇌 부위가 유동적으로 변하는 것'을 말한다.

기억력, 이해력, 문해력, 사고력, 판단력, 의사 결정력, 이 모든 것에 영향을 주는 것이 우리의 뇌다. 그런데 한번 생각해보자. 많은 사람들이 '상식'으로 알고 있는 것처럼, 20대 초반을 기점으로 계속해서 뇌의 기능이 떨어지기만 한다고 믿으면 과연 어떤 일이 생길까? 사람들은 더 이상 자신의 뇌를 발달시키려는 노력을 하지 않을 것이다. 어차피 점점 나빠지리라는 것을 알고 있는데 왜 힘들게 새로운 것을 시도하려고 하겠는가. 그것이 사실이라면 합리적인 결정일지 모른다. 그러나 뇌는 그 '믿음대로'

계속해서 나빠지게 될 것이다. 여기에 안 좋은 음식, 부족한 수면 등이 결합하면 내리막길을 걷는 속도는 빨라질 수밖에 없다.

앞서 밝혔듯 사실 뇌는 계속해서 성장할 수 있다. 새로운 자극을 주면, 즉 우리가 계속해서 새로운 것들을 배우면 뉴런이 새롭게 형성되며 새로운 시냅스를 만들어낸다고 한다.

와카스 아메드Waqas Ahmed가 쓴 책《폴리매스》에는 이러한 뇌가소성 이론을 증명하는 몇 가지 사례들이 나온다. 20대 이후에 성과를 낸 사람들의 실제 사례들이다. 이미 우리에게 잘 알려진 사람들 중에도 중년 이후에 빛을 발한 이들이 많다. 슈바이처는 30대에 의학 공부를 시작했다. 일본의 영화감독 기타노 다케시는 40대에 첫 영화를 제작했다. 위대한 인도의 시인 라빈드라나트 타고르는 60대에 화가의 자질을 발견했고, 유명 영화배우였던 폴 뉴먼은 70대에 레이싱 챔피언이 되었다고 한다.

이제 당신이 몇 살이든 업무에 있어 퍼포먼스를 끌어올리기 위한 노력에 늦은 때란 없다는 것을 잘 알았을 것이다. 나는 회사 이메일을 읽고 처리하는 속도, 기획서를 작업해 아웃풋을 만드는 속도와 결과물에 이르기까지, 계속해서 새로운 정보와 도구를 받아들인 끝에 눈에 띄게 성장할 수 있었다. 그리고 그 과정에서 새로운 지식은 기존의 능력과 합쳐져 더 큰 시너지를 만들기도 했다.

뇌가소성은 신체 능력 향상에 있어서도 똑같이 적용된다.

나이키에 입사하고 한 달이 채 지나지 않았을 때였다. 나는 사내에서 신제품 러닝화의 교육 세션에 참가하게 되었는데, 프로그램 중 3km 달리기가 있었다. 기껏해야 학교 운동장에서 오래달리기만 살짝 뛰어봤던 나에게 3km는 꽤나 버거운 거리였다. 과거 폐 수술을 했던 경험이 있어 더 두려웠다. 그런데 어떻게 뛰다 보니 3km를 채웠다.

이때를 계기로 러닝에 관심이 생겼다. 3km를 뛰어보니 5km도 가능할 것 같았다. 5km를 완주한 후에는 10km 역시 단 한 번도 걷지 않고 뛰어서 완주했다. 나는 여기서 더 나아갔다. 10km를 몇 번 더 뛰다 보니 15km를 넘었고, 하프마라톤 거리를 채웠다. 실제로 2017년에는 하프마라톤 대회에 나가서 2시간 2분대 기록을 달성했다.

주짓수도 8년 동안 지속하며 조금씩 실력이 느는 걸 체감했다. 안 되던 기술이 어느 순간에 됐다. 내가 항복을 알리는 '탭'을 치는 횟수보다 상대의 '탭'을 받는 횟수가 조금씩 늘어갔다. 계속해서 뇌가 기술을 저장하고 숙성시키고 있었다.

독서도 마찬가지다. 본격적인 독서를 시작하기 전인 30대 중반까지, 나는 한 권의 책을 읽으려면 보통 한 달은 소요됐다. 책 한 권을 읽는 데 10시간 이상은 걸렸던 것 같다. 집중력이 부족하여 계속 나눠서 읽다 보니, 시간도 오래 걸렸고 내용을 이해하는 것도 어려웠다.

그랬던 내가 6개월 동안 100권의 책을 읽은 것이다. 새로운 기술인 '포토리딩'을 익힌 후부터 책을 읽고 이해하는 속도가 5배~10배 정도 빨라졌다. 일반 비문학 책은 1~2시간이면 다 읽을 수 있다.

타고난 재능이 아니다. 나는 그저 뇌가소성 이론을 믿고 도전하기를 주저하지 않았을 뿐이다. 당신도 그저 계속해서 하기만 하면 된다. 뇌가소성에 따라 당신이 노력하는 모든 분야가 업그레이드될 것이다.

'나 자신을 믿어라'라는 추상적인 말 대신, '뇌가소성 이론에 따라 발전할 수 있는 당신을 믿고, 아웃풋 시스템에 맞춰 시도해보세요'라고 말하고 싶다.

"당신은 지금보다 더 성장할 수 있습니다!"

최적의 컨디션을 위한 매뉴얼

마지막으로 우리의 몸과 마음의 균형을 지켜주고 아웃풋 시스템 전체를 지탱하는 기본 루틴이라고 할 수 있는 '스테프STEF' 시스템을 소개한다.

스테프 시스템이란, 수면Sleep, 시간Time, 운동Exercise, 음식

Food을 관리해 정신적, 육체적으로 최적화를 이루기 위한 체계다. 이 네 가지 영역은 서로 시너지를 낸다. 이 부분만 제대로 관리해도 당신의 컨디션과 기분, 나아가 일상과 모든 퍼포먼스가 달라지는 것을 체감할 수 있을 것이다.

예를 들어, 시간(T) 영역에 속하는 우선순위 정하기를 잘 지켜서 행하면, 자연스럽게 운동(E)을 할 수 있는 여유가 생긴다. 운동(E)을 하기 시작하면, 자연스럽게 음식(F)도 신경 쓰게 되고, 운동과 식단의 시너지로 인해 잠(S)도 더 잘 잘 수 있게 된다. 선순환이 시작되는 것이다. 잠(S)을 잘 자면 에너지가 생기면서 운동을 더 잘할 수 있게 되고, 결국 이 네 가지 요소는 균형을 이루어, 똑같이 반복되는 하루 속에서도 균형감과 몰입을 느낄 수 있게 될 것이다. 그리고 이러한 일상은 우리가 '행복'을 느끼는 데 있어 무척 중요한 요소이기도 하다. 이는 큰돈을 들여 1년에 한두 번씩 해외여행을 떠나며 느끼는 일회성 행복감과는 전혀 다른 질감의 행복이다. 해외여행에서 돌아와 인천공항에 첫발을 내디딜 때부터 나타나는 부작용도 없다.

스테프STEF 시스템은 당신이 업무를 비롯해, 집중하는 모든 일에서 좋은 성과를 내는 데 도움을 주는 에너지 서포터가 될 것이다. 또한 당신의 삶을 더욱 풍요롭게 해주는 고마운 스태프STAFF가 되어 줄 것이다.

SLEEP: 숙면, 회복과 강화를 위한 기본

TED에서 1,100만 회 이상의 조회수를 기록하며 화제가 된 영상이 있다. 세계적 수면 전문가인 매슈 워커Matthew Walker의 강연 영상이다. 그는 《우리는 왜 잠을 자야 할까》라는 책에서 잠의 중요성에 관해 자세히 말하고 있다. 잠이 부족해서 생긴 극단적인 사례도 등장한다. 잠도 안자고 계속해서 축구 경기를 보던 어떤 사람이 결국 사망했다는 내용이다.

'4당 5락'이란 말이 있다. 4시간 자면 합격하고 5시간 자면 탈락한다는 의미다. 나는 중학교 3학년 시절 이 말에 꽂힌 이후 거의 20년을 마음껏 자지 못했다. 그런데 30대 중반을 넘기니 잠을 줄여 야근을 한다고 업무 능력이 향상되는 것은 아니라는 사실을 깨달았다. 머리가 잘 돌아가지 않았다. 밤샘 작업을 하고 나면, 다음 날에는 제대로 일을 할 수가 없었다. 컨디션이 좋지 않았다. 초인적인 정신력으로 버틴다고 해도, 초인적인 결과 따위는 나오지 않았다.

매슈 워커의 책 외에도 대부분의 뇌 과학 관련 도서에서 수면의 중요성에 대해 강조하고 있다. 양질의 수면은 뇌를 최적화시키는 가장 좋은 방법이라는 것이다.

한창 '미라클 모닝' 열풍이 불 때도, 성공한 사람들이 새벽 기상을 했다는 사실과 별개로, 그들의 총 수면 시간을 살펴보니, 대부분 7~8시간의 충분한 수면을 취하고 있었다. 아마존의 창업자 제프 베조스가 대표적이다.

> "나는 하루에 8시간을 자야 하는 사람이다.
> 그래야 모든 일에 있어 판단을 더 잘하고,
> 에너지를 얻을 수 있으며, 기분도 좋아진다.
> 생각해보자. 상급자가 되면, 소수의 중요한 결정을 내리게 된다.
> 매일 수천 개의 결정을 내리는 것이 아니다. 그런데 피곤하거나
> 짜증이 나면 판단의 질이 낮아질 수밖에 없다."

당신이 과거의 나처럼, 잠을 줄여서 무언가를 하는데도 성과가 나지 않는다면? 행복감을 느끼지 못했다면? 최소 일주일 정도 7~8시간 수면을 취하면서 스스로를 다시 한 번 테스트해보기 바란다. 그리고 당신에게 최고의 컨디션에 해당하는 수면 시간을 찾아보기 바란다.

충분한 잠은 최적의 업무 퍼포먼스를 가져온다. 또한, 삶의 모든 영역에서 당신은 어쩌면 지금보다 최소 2배는 더 행복해질 것이다. 잠이 아깝다고 생각하는 것은 어리석다. 오히려 마음먹고 수면 시간을 사수해야 한다. 잠은 뇌 활성화를 위한 중요한 회복 장치다.

'미라클 모닝'에서 가장 중요한 것

나는 할 엘로드Hal Elrod의 《미라클 모닝》을 완독하자마자 곧바로 새벽 기상을 시작했다. 고등학생 때 《아침형 인간》을 보고 시도하다 실패한 이후 수십 년 만에 다시 도전한 것이다. 고요한 새벽 시간에는 주로 책을 읽고 온라인 강의를 들었다. 책에서 얻은 인사이트를 토대로 블로그에 책 내용과 함께 내 생각을 정리한 글을 쓰기도 했다.

처음에는 아침 6시쯤 일어나다가 조금씩 앞당겨 새벽 4시에서 4시 반 사이에 일어났다. 3시 반에 일어날 때도 있었다. '미라클 모닝'을 하면서 여러 루틴을 테스트해보았다. 그중 하나가 독서와 운동이다. 독서, 운동, 글쓰기 루틴을 나름대로 열심히 했다. 그렇게 1년 반을 하는 동안, 나는 새벽 시간을 활용해 2권의 전자책을 쓸 수 있었다. 블로그에는 150건 이상의 글을 포스팅했다.

하지만 결국 부작용으로 인해 새벽 기상을 중단해야 했다. 새벽 4시부터 7시까지는 에너지가 넘쳤다. 그런데 오전 8시부터 피로가 몰려오기 시작했다. 그리고 이러한 피로감으로 인해 고탄수화물 식단과 설탕이 들어간 음식을 즐기게 됐다. 하루 종일 기력을 제대로 쓰지 못했다. 오후 2시가 되면 이미 정신이 반쯤 나간 넉다운 상태가 되어, 오후 8시경에는 졸려 미칠 것 같은 상태가 됐다. 보통 사람들이 밤 12시쯤 느끼는 피로감을 나는 이른 저녁부터 느꼈다. 문제는 새벽 기상이 아니라 총 수면 시간에 있었다. 당시 나는 보통 오후 10~11시 정도에 자려고 애를 썼다. 그리고 새벽 4시에 일어나려고 했다. 총 수면 시간은 평균 5~6시간 정도였다. '4당 5락'이란 말을 생각한다면, 나쁘지 않은 시간이다. 하지만 이는 사실 '내게 맞지 않는 시간'이었다.

수면 부족으로 인한 7가지 문제

> "잠을 적게 자면, 당신의 고환이 작아집니다."
>
> _매슈 워커,《우리는 왜 잠을 자야 할까》 저자

매슈 워커에 따르면 우리가 잠을 제대로 못 잘 경우 다양한 부작용을 겪게 된다.

1. 에너지&생명 잉태의 문제 발생

남성의 경우, 정자수가 29% 감소(고환의 크기도 감소)한다. 여성의 경우, 여포 자극 호르몬 20% 감소, 임신 3개월 이내에 유산을 할 가능성이 증가한다.

2. 면역계 문제

평균적으로 5시간을 잔 집단은 질병 감염률이 거의 50%

였다고 한다. 반면, 7시간 이상을 잔 집단은 감염률이 고작 18%였다.

3. 수명 단축

책에는 실제로 수면 부족이 죽음에 영향을 준 것으로 추측한 사례가 나온다.

4. 신체 능력 저하

밤잠이 6시간 미만일 때, 몸이 지치는 시간이 10~30% 더 빨라지고, 호흡량도 상당히 줄어든다. 부상 확률도 올라간다. (나도 잠을 8시간 정도 자고 나서, 주짓수를 할 때 부상이 현저히 줄었다. 실력도 훨씬 더 빨리 늘었다.)

5. 공격성 증가를 포함한 정신 건강 이상

수면이 부족하면 공격성이 증가한다. (이는 나를 비롯해 당신 역시 여러 차례 경험해본 사실일 것이다.)

6. 이성이 느끼는 매력도 감소

동일한 사람이어도 수면 시간에 따라 이성이 느끼는 매력도가 달라진다고 한다. 물론 잠을 많이 잤을 때 매력도가 증가했다.

7. 퍼포먼스 감소

결과적으로 전체적인 퍼포먼스가 떨어지게 된다. 기억력 감퇴, 에너지 감소 등의 영향으로 일을 잘할 수가 없다. 직장인이라면 머리가 잘 회전하지 않아 판단력이 흐려지고 좋은 의사 결정을 내릴 확률이 떨어진다. 운동선수는 신체 퍼포먼스 저하로 컨디션에 문제가 생긴다. 음악가(뮤지션) 역시 같은 이유로 퍼포먼스가 떨어진다. 기본적으로 수면이 부족하면 창의성이 떨어지기 때문에 창의력이 필요한 예술 영역에도 치명적이다. 게다가 현 시대에 창의력이 필요하지 않은 직종이 있을까? 결과적으로, 잠이 부족하면 당신의 모든 영역에서 퍼포먼스가 떨어질 수 있다.

지금 당신이 회사에서 칼퇴하지 못하고 번번이 야근을 하면서도 만족스러운 퍼포먼스가 나오지 않는 것은 수면 부족 때문일 수 있다. 당신이 잠을 줄여가며 너무 열심히 일하는 것이 원인일 수 있다는 것이다.

우리는 모두 우리 인생의 CEO다. 당신이 오늘 내리는 결정에 따라 일, 업무, 남자친구/여자친구, 아내/남편, 아이들, 부모님, 가족 등에게 영향을 줄 것이다. 이제는 인생을 바꿀 만한 결정적인 순간에 제대로 의사 결정을 내리기 위해서라도 최적화된 신체를 유지하기 바란다. 우선 충분히 자라.

최적의 수면 시스템을 위한 7가지

매슈 워커는 그의 책에서 최적의 수면을 위한 12가지 방법을 제안한다. 나는 그가 소개하는 방법을 직접 실험해보고 다시 7가지로 정리해보았다. (매슈 워커의《우리는 왜 잠을 자야 할까》를 직접 읽고 복습해보길 적극 권한다.)

1. 동일한 수면 패턴 유지하기

수면 패턴을 바꾸면 적응이 힘들다. 주중에 부족한 잠을 주말에 더 잔다고 해서 잠을 완전히 보충할 수 있는 것도 아니다. 오히려 주말의 늦잠은 자칫 월요일의 컨디션을 망가뜨릴 수 있다.

하지만 대한민국 국민에게 있어 매일 똑같은 수면 루틴을 유지하기란 쉽지 않다. K-직장인/사업가라면 (불)금요일에는 술자리 약속이 있는 경우가 많다. 주말에는 어떤가? 다양한 활동을 한다. 주중에 활동하는 것과 똑같이 살기란 쉽지 않다. 완벽하게 루틴을 지키려고 하다가는 결국 원래 살던 대로 돌아가기 십상이다. 나는 완벽하게 지키는 일에 집착하기보다는 91% 정도의 수준으로 지키는 것을 추천한다.

2. 운동은 되도록 오전과 오후에 하기

운동은 되도록 아침이나 오후에 한다. 잠들기 직전에 하면

오히려 숙면을 방해할 수 있다. (나는 보통 아침이나 오후에 한다. 하지만 이 부분에는 개인차가 있을 수 있다. 직접 몇 주간 테스트해보면서 확인하기 바란다.)

3. 카페인, 니코틴, 알코올 피하기

거미에게 카페인을 투여하면 어떻게 될까? 혹은 마약류를 투여하면 어떨까? 두 경우 모두 거미는 거미줄을 엉망으로 쳤다.

나는 이전까지 카페인이 수면에 크게 영향을 미치지 않을 것이라고 생각했다. 잠자기 전에 커피를 마셔도 잘 잤기 때문이다. 하루에 커피를 3~4잔쯤 마셔도 아무런 영향이 없었다. 하지만 그건 내 착각이었다. 커피는 실제로 내 수면에 영향을 주고 있었다.

카페인이 완전히 해독되는 데는 12시간 정도가 걸린다고 한다. 나는 마지막 커피 타임을 최대 오후 1시로 정했다.

니코틴은 어떨까? 매슈 워커는 책에서, 니코틴은 신경을 자극해 흡연자 중 일부는 아주 얕은 잠만 자게 된다고 말한다. 니코틴 금단 증상 때문에 아침에 너무 일찍 깨는 흡연자도 많다.

술은 어떨까? 그는 술을 마시지 말라고 조언한다. 그런데 K-직장인/K-사업가/K-프리랜서로서, 술을 전혀 마시지 않는 건 쉽지 않을 것이다. 최대한 줄이려는 노력을 하라.

4. 밤에는 적당히 먹기

밤에 음식을 많이 먹으면 소화 불량을 일으키기 쉽다. 음료를 많이 마시는 것도 숙면에 좋지 않다. 요의로 새벽에 깰 수 있기 때문이다. 밤에 물이나 음료를 비롯한 음식은 많이 먹지 않는 것이 숙면에 도움이 된다.

5. 3시 이후에는 낮잠 금지, 그리고 햇빛

매슈 워커는 3시 이후의 낮잠은 좋지 않다고 말한다. 대신 낮에 햇볕을 쬐는 것이 도움이 된다. 태양광이 주는 밝기는 엄청나서 우리가 의식적으로 "아 눈부셔!"라고 할 정도의 형광등 수십 개를 켜 놓아도 따라가지 못할 수준이다. 이런 햇빛이 하루 수면 패턴을 조절하는 데 중요한 역할을 한다. 매슈 워커는 하루에 적어도 30분은 자연광을 받을 것을 권한다. 또한 가능하다면 햇빛을 받으면서 일어나거나 아침에 아주 밝은 빛을 쬐라고 조언한다. 이것이 현실적으로 힘들다면, 점심 식사 후에 잠깐 산책을 한다거나 하는 식의 노력이라도 해보자.

6. 잠자기 전 따뜻한 물로 샤워하기

나는 3년 이상 찬물 샤워를 해오고 있다. 엔돌핀 분비를 촉진시키고 혈액순환과 면역력 향상에 도움이 되는 등의 건강상의 이점이 있어서다. 보통 하루에 두세 번 정도 샤워를 하는데, 따뜻한 물로 샤워를 하다가 찬물로 마무리하며 정신을 깨운다. 겨울에는 물이 더 차서 정신이 번쩍 든다.

매슈 워커는 자기 전 샤워는 따뜻한 물로 하라고 권한다. 그는 온수로 샤워 후에 자연스럽게 체온이 떨어지면 잠이 더 잘 올 수 있고, 목욕은 긴장을 풀어주어서 더 쉽게 잠들 수 있게 해준다고 말한다.

잠자기 전에 책을 읽거나 음악을 듣는 등의 긴장을 푸는 활동을 하는 것도 좋다. 따뜻한 물로 샤워한 후에 책을 읽으면 숙면을 취할 수 있는 준비가 모두 끝난다.

7. 어둡게, 차갑게, 전자 기기 끄기

방은 최대한 어둡게 한다. 완벽한 수면을 위해 잠자기 전에 집 안을 완전히 깜깜한 상태로 만든다.

방 안의 온도는 약간 쌀쌀한 것이 좋은데, 매슈 워커는 18도를 권장한다. (물론 여름에 에어컨을 18도로 맞추고 자는 것은 좋지 않다. 적절한 온도를 찾기 바란다.)

또한 익히 알려진 대로 전자기기 사용 또한 자제하는 것이 좋다. 잠자기 전 텔레비전, 스마트폰, 컴퓨터를 사용하면 주의가 산만해져 제대로 잘 수 없다. 사실상 이것이 숙면으로 가는 길에 있어 가장 높은 관문이 될지 모른다. 인스타그램이나 유튜브를 보며 키득거리는 동안, 우리의 뇌는 스트레스를 받는다. 도파민 레벨도 올라가서 잠이 오지 않는 것이다. 이제부터 잠들기 1시간 전에는 디지털 기기로 해야 하는 모든 일을 마무리 짓는 습관을 들여 보자. 휴대전화도 어딘가 치워둔 후 잠자리에 들어라.

잠이 오지 않을 때는 눈을 감고 편안하게 심호흡을 하라. 들이마시는 호흡과 내쉬는 호흡은 동일하게 한다. 호흡에 신경을 쓰면서 머리에서 발끝까지 몸의 긴장을 푼다. 그리고 숨을 내쉬면서 불안, 염려, 걱정, 근심을 밖으로 내보낸다고 상상한다. 숨을 들이마실 때는 평온함과 안정적인 에너지가 들어온다고 상상한다. 그러고 난 다음, 내가 원하는 것들을 상상해보라.

위에서 말한 7가지 방법과 불면증 대안책으로도 잠이 오지 않을 경우에는 전문가와의 상담이 필요한 상태일 수 있다. 코골이, 무호흡, 염려불안증, 우울증 등 신체 및 호르몬 이상으로 오는 불면증은 적절한 현대의학의 도움을 받는 것이 좋다.

TIME: 시간 관리가 곧 자기 관리다

이제 시간 관리에 대해 살펴보자. 시간 관리라고 써두었지만, 시간보다는 우선순위 관리에 조금 더 가깝다고 할 수 있다.

우선 과거 직장에서 잘릴 위기에 처했었던 내가 정신을 차리도록 도와준 한 가지 개념을 살펴볼 것이다. 바로 '워크 타임&미 타임'이다. 이 개념이 있다는 걸 떠올리기만 해도, 휴일에도 일을 하면서 결국 번아웃에 빠지고, 일로만 가득 차는 일상에서 벗어나도록 도와줄 것이다.

다음으로는 시간 관리 매트릭스 혹은 '아이젠하워 매트릭스'라고 불리는 내용에 관해 살펴볼 것이다. 이 방법은 내가 4년이 넘도록 계속해서 사용하고 있다. 책에서 봤던 내용을 내게 맞는 방식으로 바꿔서 사용하고 있는데, 생각보다 굉장히 단순해서 누군가는 '이게 뭐지'라고 할지도 모르겠다. 과거의 나는 매일 우선순위 목록에 있는 해야 할 일이 10~20가지가 넘었다. 그런데 이 방법을 활용해, 중요 성과에만 초집중할 수 있게 되었다.

'워크 타임&미 타임' 개념부터 살펴보자.

업무 시간과 내 시간을 분리하라: 워크 타임&미 타임

나는 첫 직장에서 잘릴 위기에 처했던 적이 있다. 일의 바다에서 허우적대고 있을 때, 데이브 크렌쇼Dave Crenshaw의 생산성 관련 강의를 들었다. 이 강의를 통해 '워크 타임Work Time'과 '미 타임Me Time'[6]의 개념을 배웠다. 말 그대로 일하는 시간과 나를 위해 쓰는 시간을 의식적으로 구분하는 것이다.

주 40시간 업무가 일반화된 지금 시대에는 업무 시간과 내 시간의 구분은 당연할 것이다. 하지만 내가 직장 생활을 처음 시작했던 2012년에는 업무와 내 생활의 '분리'는 상상하기 힘든 일이었다. '죽어라 열심히' 모드로 달리던 사회초년생인 나에게 워크 타임과 미 타임에 관한 이야기는 꿈 같았다.

나는 이메일을 거의 24시간 아무 때나 확인했다. 출근하는 길에, 퇴근하는 길에, 잠자기 직전에도 이메일을 확인했고, 필요할 때는 언제라도 회신했다. 한마디로 나의 업무 스위치는 계속 켜져 있는 상태였다. 그런데 데이브 크렌쇼는 업무와 개인 시간을 구분해야 생산성이 제대로 발휘되며 균형 있는 삶을 살 수 있다고 말하고 있었다.

나는 그의 말을 신뢰할 수 없었다. 그러나 이전에 내가 믿고 진행하던 방식이 계속해서 실패하자 그의 방식을 실전에 적용해보기로 마음먹었다. 퇴근 이후와 주말에는 최대한 이메일을 보지 않으려고 노력했고, 주말이나 공휴일에도 회사에 나가서 일하

---

[6]   최근에는 'Me Time' 대신 'You Time'이라고 쓰기도 한다.

던 습관을 버리려고 했다. 노트북을 집에 가지고 와서 남은 일을 처리하던 습관도 최대한 버렸다. 일할 때 일하고, 쉴 때 쉼을 가지려고 노력한 끝에, 조금이나마 일상의 균형을 잡을 수 있었다.

당신도 지금 '하루 종일' 일하느라 정신없이 일하고 있지는 않은가? 24시간 이메일을 체크하고 있지는 않은가? 집이든 전철이든 회사든 주중이든 주말이든, 시간과 장소를 가리지 않고 일을 하고 있지는 않은지 돌아보라. 그리고 만약 일하는 시간에 비해 성과가 만족스럽지 못하다면, 업무 시간과 내 시간을 명확하게 구분해볼 것을 추천한다.

일의 우선순위를 정하는 방법: 사분면 시스템

매일 해야 할 일의 우선순위를 정하는 구체적인 방법론으로 사분면 시스템을 소개한다. 이는 스티븐 코비Stephen Richards Covey의 책《성공하는 사람들의 7가지 습관》에 나오는 시간 관리 매트릭스를 기반으로 한다. '아이젠하워 매트릭스'라고 불리기도 하는 방법이다.

우선 모든 일은 '중요함'과 '긴급함'이라는 두 가지 축을 기준으로 나눈다. 그리고 업무, 인생에 대한 일들을 이 두 축으로 인해 만들어진 4구역에 알맞게 정리해 넣어본다. 이는 아주 간단하면서도, 효과적인 우선순위 작성법이다. 나는 내 나름대로 좀 더 쉽게 수정해서 활용하고 있다.

종이와 펜만 있으면 당장 작성할 수 있다. 아이패드로 해도 괜찮다. 이제부터 소개하는 순서대로 따라 하면, 칼퇴하면서도 개인적으로 중요한 일 또한 모두 처리할 수 있는 우선순위의 지도를 얻게 될 것이다.

1. 종이와 펜을 준비한다

종이(A4용지, 쓰던 다이어리나 아무거나 상관없다)

펜(아이패드로 해도 상관없다)

2. 가로축과 세로축에 각각 화살표를 그린다

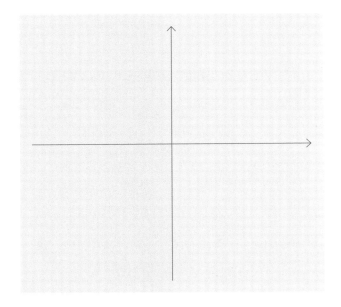

3. 세로축에 중요도를, 가로축에 긴급도를 표시한다

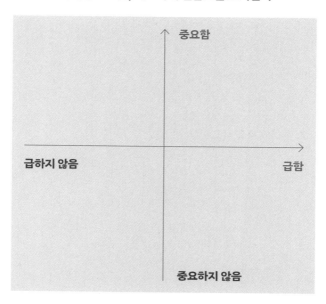

4. 이번 주에, 혹은 지금 해야 할 일(또는 하고 있는 일)을 배치해 적는다

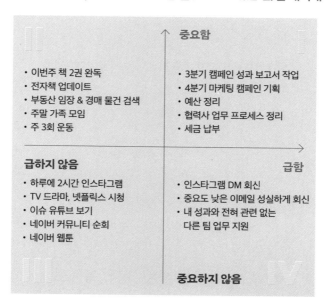

사분면에 해당하는 내용을 정리하면 다음과 같다.

I. 중요하고 급한 일

II. 중요하지만 급하지는 않은 일

III. 중요하지도 급하지도 않은 일

IV. 중요하지 않지만 급한 일

다 적었는가? 이 중 우리가 집중해서 봐야 할 곳은 2사분면과 3사분면이다.

5. 2사분면에 '장기적으로 꼭 필요한 중요한 일'을 넣는다

2사분면에 해당하는, 중요하지만 급하지는 않은 일에 대해 잠시 이야기해보겠다. 《성공하는 사람들의 7가지 습관》에 따르면, 삶을 풍요롭게 만들기 위해서는 이 영역의 일을 먼저 처리하는 것이 중요하다. 2사분면에 있는 일을 먼저 처리하면, 그 일이 1사분면으로 넘어오는 것을 방지할 수 있다. 다시 말해, 중요한 일이 급해지기 전에 미리 처리할수록, 삶을 풍요롭게 만들 수 있다는 것이다. 이론적으로는 이해가 가지만 현실적으로는 꽤나 어려운 일이다. 우리는 본능적으로 중요도와는 별개로 급한 일부터 허겁지겁 처리하려 들기 때문이다.

눈앞의 일을 처리하느라 급급해서 2사분면의 일들을 놓

친다면, 몇 년 후 당신의 미래는 어떻게 될까? 전부 다 중요하고 급한 일이 되어 있을 것이다.

과거의 나는 2사분면의 일들에 집중하는 것과는 정반대의 삶을 살았다. 1사분면과 4사분면의 급한 일들로 인해 허우적대는 일상이었다. 직장에서는 누구보다도 야근을 많이 했다. 그런데 이상하게도 실제로 이뤄낸 성과는 생각보다 적었다. 상사로부터 우선순위 관리가 안 되고 있다는 직접적인 질책을 듣기도 했다. 나보다 직급이 낮은 친구들이 보는 앞에서 그런 피드백을 들으니 얼굴이 화끈거렸다.

이후 시간 관리 매트릭스를 알게 되고, 내 삶에 적용하기 시작하면서 조금씩 달라지기 시작했다. 일주일 단위로 우선순위를 조정해서, 중요하지만 급하지 않은 2사분면 일들에 우선순위를 두기 시작했다.

동시에 나는 팀 페리스Tim Ferriss의 책《4시간만 일한다》를 보고, 효율성에 관한 한 가지 큰 깨달음을 얻었다. 그날 할 일 중 가장 중요한 것을 두 가지로 한정하고, 그것을 최우선으로 초집중하여 처리하는 것이다.

처음에 나는 이 방식을 받아들이지 못했다. 그도 그럴 것이, 매일 할 일이 최소 10여 가지는 됐기 때문이다. 최대 20개가 넘는 '투두(To-do) 리스트'를 쓰고 관리하기도 했다. 그런데 일을 두 개만 처리하라니? 20%가 80%의 성과를 차지한다는 '파레토의 법칙'을 떠올리면서, 몇 달에 걸쳐 할 일 목록을 기존의 20개에서 2개로 줄이는 데 성공했다. 그리고 이 시스템 수정 덕분에 업무와 삶에 여유가 생겼다. 놀랍게도 성과가 올라갔다. 나에게 눈앞에 닥친 일을 먼저 처리하는 습관이 있다는 사실을 알게 되고 나니, 그것을 거스를 힘도 생겼다.

다시 말하지만, 급한 일이 아니라 중요한 일을 먼저 처리하라. 2사분면에 있는 일들을 우선순위로 삼고 일상에서 가장 먼저 실행하라.

성공한 사람들은 이미 2사분면의 일에 집중하고 있다. 이들은 당장 눈에 보이지 않아도 장기적으로 봤을 때 좋은 수를 둔다. 인간관계, 건강, 부, 성공에 도움이 되는 것들을 우선순위로 삼고 투자한다. 이러한 2사분면에 대한 투자로 인해 다양한 분야에서 성공한다. 궁극적으로 풍요로운 인생을 산다.

그렇다면 2사분면에는 꼭 장기 프로젝트만 들어가야 할까? 아니다. 당장 당신의 삶을 풍요롭게 만드는 것들도 있어야 한다. '스테프STEF 시스템' 관련 내용도 좋다. 에너지를 더하는 모임이나 관계, 배움, 독서에 관한 것도 좋다. 이것들의 체계를 잡아야 당신의 인생이 풍요로워진다. 장기적으로 도움이 되는 것들을 우선으로 해야 한다. 그러면 회사에서의 아웃풋도 눈에 띄게 좋아질 것이다.

'○○할 시간이 없다 = ○○은 내게 중요하지 않다'라고 해석할 수도 있다. 예를 들어, 가장 중요한 2사분면 리스트에 책 읽기를 추가했다고 가정해보자. 독서는 당신에게 중요한 일이기 때문에 그 시간의 확보를 위해 자연스럽게 스테프 시스템을 강화하게 될 것이다. 그리고 이것은 실제로 다른 업무의 성과를 내는 데 있어서도 긍정적인 영향을 미칠 것이다.

그럼에도 불구하고 당장 코앞에 닥친 일들 때문에 2사분면의 일을 해결할 여유가 보이지 않는가? 일이 너무 많아서 독서, 관계 맺기, 강의와 같은 자기계발을 할 시간이 정말로 없다고 생각하는가? 그렇다면 이어지는 내용을 살펴보라.

6. 3사분면을 본다

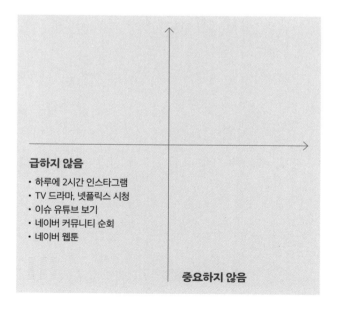

급하지 않음
- 하루에 2시간 인스타그램
- TV 드라마, 넷플릭스 시청
- 이슈 유튜브 보기
- 네이버 커뮤니티 순회
- 네이버 웹툰

중요하지 않음

이제 3사분면을 볼 차례다. 이곳의 리스트만 잘 정리해도, 바늘로 찌를 틈조차 없던 하루에서, 최소 30분에서 2시간까지의 여유 시간이 생기는 걸 보게 될 것이다.

왼쪽에 보이는 과거 나의 3사분면 내용을 살펴보자. 당시의 나는 중요하지도 급하지도 않은 일에 너무 많은 시간을 쓰고 있었다. 인스타그램, TV, 영화, 유튜브 등에 몇 시간씩 할애하고 있었다. 관성적이고 중독적이었다. 그래서 이 영역의 일들을 줄이기로 했다. 그러자 자연스럽게 책 읽을 시간이 늘어났다. 1년이 지난 시점부터는 TV도 보지 않았다. OTT 방송의 구독을 중단했다. 이 글을 쓰고 있는 2024년 현재에도 여전히 TV는 거의 시청하지 않는다.

7. '3사분면 비우기', 지금 실행하라

이제 당신이 그린 그래프를 잠시 살펴보라. 3사분면에서 아직 더 비워야 할 것들이 보일 것이다. 그중 하나를 지금 바로 비워내라. 물론, 중요하지도 급하지도 않은 일이라고 해서 전부 불필요하다는 뜻은 아니다. 그러니 그중에서 한 가지만 비워내라. 정말로 딱 한 가지만 버려도 된다.

나는 거의 중독적으로 봐왔던 인스타그램부터 걷어냈다. 무의식적으로 계속 스크롤을 내리던 습관을 끊어내려고 했다. 물론 처음부터 '완벽하게' 그만두기는 힘들다. 그래서 3일 보지 않기, 일주일 보지 않기 등 단계별 셀프 챌린지를 시작했다. 한 달 정도 지났을 때부터는 몇 달간 접속하지 않는 것이 가능해졌다. 코로나 초창기 때 불안을 유발하던 유튜브 영상도 잠시 끊었다. 알고리즘의 늪에 빠졌던 몸을 한 발씩 빼기로 마음먹었다. 안 보면 대화에 끼지 못할 것 같아서 반강제로 보던 넷플릭스 시리즈물도 잠시 끊었다. 대신 이 시간을 2사분면에 놓인 일들, 책 읽기, 글쓰기, 강의 보기, 이것저것 실행하기 등을 하는 시간으로 바꿨다. 아주 작은 변화를 주었을 뿐이다. 그런데 결과는 바로 나타났다. 읽은 책들이 늘어났고 블로그에 포스팅한 글들이 쌓이기 시작했다. 인생에서 변화가 이어지기 시작했다. 회사 안에서는 장기 프로젝트에 더욱 몰입할 수 있었고, 그 결과 성과를 내기 시작했다. 그리고 이에 대한 시너지로 내 인생을 업그레이드할 수 있게 되었다.

최근의 하루, 일주일, 한 달 동안 당신은 어떻게 살았는가? 한번 돌아보기 바란다. 중요하지도 급하지도 않은 일에 시간과 에너지를 쓰고 있지는 않은지, 얼마나 쓰고 있는지 꼭 점검해보기 바란다. 다시 말하지만, 3사분면에 있는 것들을 비워라. 그러면 여유가 생길 것이다. 그리고 이 작업은 단번에 끝나지 않을 것이다. 살다 보면 또 다시 자연스럽게 3사분면에 리스트가 쌓이게 될 것이다. 오랜만에 재생한 유튜브를 계기로 봇물 터지듯 몇 시간 동안 그것만 보게 된다거나, 웹툰을 다시 본다거나 하는 일들 말이다. 스트레스를 받을 필요는 없다. 중요한 것은 포기하지 않고 다시 리스트를 비우는 일부터 시작하는 것이다. 편안한 마음으로 비우면 된다. 방을 청소하듯.

혹시 반복적인 실패로 지친 분들을 위해 한 가지 팁을 소개한다. SNS 사용을 최대한 불편하게 만드는 방법이다. 우선, 각 채널의 알림 설정은 무조건 꺼둔다. 그래도 안 된다면 아예 앱을 지워라. 앱을 지운다고 웹툰이나 유튜브를 보는 빈도가 곧바로 줄어들지는 않을 것이다. 그러면 왜 이렇게까지 해야 하는 걸까? 몸을 수고롭게 만들어 뇌에 '불편함'이라는 프로그램을 의도적으로 코딩하기 위해서다. '음… 이거 좀 귀찮은데?'라는 생각을 무의식에 심는 것이다. 웹 → URL 입력 → 접속 과정을 거쳐야만 무언가를 볼 수 있다면, 아마도 사용 빈도는 서서히 줄어들게 될 것이다. 나 역시 휴대전화에서 웹툰 플랫폼과 유튜브의 앱을 지웠더니 매일 습관처럼 들어가는 행동을 멈출 수 있었다.

나는 이 사분면 표를 매주, 매일 그리고 쓴다. 자유롭게 적기 위해 줄이 없는 수첩을 사용한다. 현재는 작은 사이즈의 몰스킨 다이어리를 쓰고 있다. (참고를 위해 다음 페이지에 실제 사용하는 양식을 소개한다.)

오랫동안 해오던 일이어서 이제는 긴급함, 중요함이라는 각 축의 이름조차 적지 않는다. 화살표도 생략한다. 좌측 페이지에는 일주일 기준의 우선순위를 적는다. 그리고 우측 페이지는

각 요일의 가장 중요한 우선순위에 있는 일들을 적고 초집중한
다. 최대 2개까지만 적으려고 하고 있다.

내 시간을 만드는 방법
: '미 타임' 설정을 위한 시스템 만들기

지금부터는 미 타임 확보를 위한 일상 속 숨겨진 자투리
시간 찾는 법을 소개할 것이다. 우선 하루 중 여유 시간을 다섯
파트로 나눈다.

1. 출근 전 아침

아침은 뇌가 가장 맑은 시간이다. 나는 이 시간을 적극적으로 활용한다. 이 시간에 책을 읽고, 글을 쓰고, 강의를 보고, 운동하고, 무의식을 다지는 시간으로 활용한다.

이 시간에 책을 읽거나 글을 쓰면 최고의 효율을 낸다. 핸드폰도 에어플레인 모드나 방해금지 모드로 해놓으면, 매일 여행을 온 것과 같은 정신적 자유를 느낄 수 있다.

과거에는 이 시간을 최대치로 쓰기 위해 새벽 기상을 하기도 했다. 보통 4시에서 5시 반 사이에 일어났다. 이 시간 동안 읽기 쉬운 책은 100~200페이지를 읽었다. 어려운 책은 70~150페이지, 영문 원서는 난이도에 따라 20~80페이지 정도 읽을 수 있다. (포토리딩을 익힌 이후에는 반 권에서 한 권을 읽을 수 있게 되었다.)

이러한 아침 시간을 확보하는 데 한 가지 팁이 있다. 생산적인 아침을 만드는 건 전날 밤에 달려 있다. 그러니 저녁 9시에는 휴대전화와 같은 디지털 기기 사용을 종료하고, 최소한 10시에는 잠자리에 들어야 한다. 조금 더 일찍 잠들고, 조금 더 일찍 일어나서 1~2시간의 독서, 글쓰기, 생산적인 일을 할 수 있는 시간을 확보하는 것이다.

일어나자마자 처음 맞이하는 1~2시간은 머리가 정말 맑은 상태다. 이 시간에 일을 하는 사람도 있다. 만약 지금이 당신의 인사 고과에 있어 중요한 시기라면, 이 시간에 집중해서 업무를 처리해보라. 나도 이렇게 회사 일을 처리한 적이 있다. 나이키 재직 시절, 한국 오피스의 전 직원과 외국 엔지니어들이 총출동해 진행했던 중요한 프로젝트가 있었다. 당시에는 업무량이 상상을 초월하는 수준이라 이른 아침부터 일을 하는 경우도 많았다. 전날 기획서가 써지지 않거나, 정확하게 예산을 맞춰야 할 때도 이 새벽 시간을 활용했다. 새로운 아이디어를 기획할 때, 가장 중요한 의사 결정을 할 때도 이 시간을 활용했다. 오후에 했다면 4~5시간은 걸렸을 일들을, 새벽에는 1시간 만에 모두 처리했던 경험을 수없이 했다.

다만 이 시간에 일을 할 때는 한 가지 주의할 점이 있다. 당신이 일하는 시간이 늘어나면서 업무량도 늘어난다는 것이다. 이것은 다시 말해, 당신이 동료보다 더 오래 일하고 같은 시급을 받게 된다는 것을 의미한다. 물론, 최상의 효율을 보이는 이 시간의 업무로 인해 회사로부터 좋은 평가를 받을 수도 있다. 하지만 이 방식은 절대로 이 책에서 추구하는 균형 있는 아웃풋 시스템의 지향점이 아니다. 당신이 '칼퇴를 하면서도', 그리고 '개인적인 삶에 있어 성장을 이루면서도' 상위 평가를 받는 것이 우리의 목표이기 때문이다. 그러니 이 시간에 업무를 하는 것은 최소한으로 하기 바란다.

나는 일의 함정에 빠진 일부 하이퍼포머(고성과자)를 많이 봐왔다. 어쩌면 이들은 '죽을 만큼 열심히' 회사 일을 하는 사람들인지도 모르겠다. 고용주 입장에서는 '마치 오너 같이' 일을 해주는, 너무나 고맙고 소중한 직원일 것이다. 하지만 이들 중 일부는 결국 무리한 에너지 사용의 부메랑에 얻어맞기도 한다. 몸이 아프거나 크고 작은 질병으로 시름시름 앓는 이들도 보았다. '죽을 만큼' 열심히 일한 탓이다.

그러니 이 시간을 당신을 위한 치트키로 사용하라고 말하고 싶다. 당신의 인생을 더 낫게 하고, 풍요롭게 하는 데 쓰기 바란다. 우선 두 달 정도 실행해보라. 회사 일에 쓰는 시간은 줄었는데 아이러니하게도 더 많은 성과를 내는 변화를 경험하게 될 것이다.

2. 출퇴근 시간

출퇴근 시간 역시 2사분면에 있는 중요한 일들을 하기에 좋은 시간이다. 경험상 아웃풋보다는 인풋에 관한 활동을 하는 것이 좋다. 책을 읽거나 강의를 보는 것이다. 이 시간에 아웃풋에 해당하는 글쓰기나 무언가를 정리해서 남기는 일을 하는 것은 힘들다.

나는 대중교통으로 이동할 때, 앉든 서든 책을 읽으려고 했다. 여기서 핵심은 책을 보느냐 마느냐가 아니다. 스마트폰을 보지 않는 것이 중요하다. 출퇴근 시간에 스마트폰을 켜고 카톡,

인스타그램, 유튜브 앱을 여는 순간, 독서는 끝난다.

지하철에서 책을 꺼낸 후 '잠깐 인스타그램 피드 하나만 봐야지' 하고는, 내릴 때까지 인스타그램이나 유튜브만 봤던 경험은 누구나 있을 것이다. 결국 책은 한 페이지도 읽지 못하고 '역시 이동 중에 책을 읽는 건 무리'라며 자책하고 포기하게 된다.

우리는 도파민을 강력하게 뿜어내게 만드는 스마트폰을 결코 이길 수 없다. 푸시 메시지와 추천 알고리즘은 너무나 강력하다. 최고 엘리트들이 고액 연봉을 받으며 하루 종일 분석하고 몰입해서 만든 마케팅 전술일 테니 말이다. 싸워서 이기려고 하지 말라. 그냥 피하면 된다.

지하철에 타기 전에 미리 스마트폰을 꺼내기 어려운 곳에 숨겨라. 지하철에 타고 나서 주섬주섬 책을 꺼내려고 하지 마라. 지하철이 플랫폼에 들어오고 있을 때, 당신의 손에는 이미 책이 들려 있어야 한다. eBook을 읽는 사람의 경우는 미리 앱부터 켜고 있어야 한다. 여기서 전화, 문자와 같은 필수 앱들을 제외한 다른 앱들의 알림 설정은 모두 꺼두는 것이 좋다. (생산성을 올리기 위해 스마트폰을 관리하는 자세한 방법이 궁금하다면, 제이크 냅, 존 제라츠키가 쓴 책《메이크 타임》을 추천한다.)

나는 이와 같은 방법으로 출퇴근길에 30분~1시간 정도 책을 읽었다. 운전을 해야 하는 경우에는 오디오북을 추천한다.

3. 점심시간

가끔 혼자 점심을 먹을 때면 30~40분 정도의 여유 시간이 생긴다. 이때는 책을 읽거나 상황에 따라 블로그에 올릴 글을 썼다. 잠깐 휴식을 취하면서 오후에 쓸 에너지를 비축하는 것도 좋다.

4. 주말

내게 주말은 본격적인 육아와 집안일의 날이었다. 주말에는 아내와 함께 시간을 분배해 최대한 효율적으로 쓰려고 했다. 남은 시간에 독서, 글쓰기, 강의 듣기 등을 하기 위함이었다.

아이가 한 명이었을 때는 주말에 시간 만들기가 상대적으로 수월했다. 아내가 아기를 3시간 돌보면, 3시간의 자유 시간을 얻었다. 바통 터치 후에는 온전히 육아에 전념했고 남는 시간에는 책을 읽었다. 주말에는 평소보다 2~3배 정도의 독서 시간을 확보할 수 있었다. 둘째가 태어난 이후 육아 난도는 두 배가 아닌 제곱으로 올라갔다. 그래서 평일과 비슷한 시간에 일어나 '맑은 정신 모드'를 활용했다. 그리고 아이들이 동시에 낮잠을 자는 타이밍 등의 자투리 시간을 활용해 강의를 듣거나 책을 읽었다.

미혼이거나 아이가 없는 경우, 주말 시간은 기혼자보다 훨씬 늘어나게 될 것이다. 일상과 취미 활동을 그대로 즐기되, 딱 2~3시간만 시간을 빼서 자기계발에 투자하라. 책을 읽고 글을 쓰는 것부터 시작하라.

주말에 2사분면에 속하는 중요한 일들을 처리하는 것이 처음 한두 달 동안은 마치 일을 하는 것처럼 부담스럽게 느껴질 수도 있을 것이다. 나 역시 그랬다. 그러나 세 번째 달부터는 뇌의 가소성 덕분인지, TV, 넷플릭스, 유튜브를 볼 때처럼 그냥 편안하게 수행할 수 있었다. 나는 주로 책이나 온라인 강의를 봤는데, 토요일 오전에는 부동산 강의 같은 것을 아내와 함께 듣기도 했다. 부동산 투자는 자산이 크게 들어가는 일이라 아내와 함께 의사 결정을 해야 했기 때문이다. 강의를 듣기 전과 후, 우리 부부는 부동산을 바라보는 시각이 달라졌다.

나는 계속해서 이런 식으로 주말의 2~3시간을 할애해 2사분면의 일들을 해냈다. 가족 행사, 운동, 육아를 하면서 말이다. 무언가를 희생한 것은 전혀 없었다.

5. 잠자기 전

저녁에 아이들에게 밥을 먹이고 목욕까지 시키고 나면, 육아 퇴근이 눈앞에 보인다. 물론 극악의 난도인 한 단계가 남아 있다. 재우기다. 졸릴 때 자지 않으려고 발버둥 치는 아이들을 보면 정신이 혼미해지기도 한다. 이 모든 힘든 고비를 넘기고 마침내 육아 퇴근을 하면 드디어 기다리던 시간이 온다. 부모들은 엄마, 아빠라는 타이틀에서 벗어나 비로소 각자의 시간을 만끽할 수 있는 하루 중 가장 달콤한 순간을 맞이한다. 길어봐야 1~2시간 남짓의 짧은 시간이지만 말이다. 이전의 나는 이 시간에 중요하지도 급하지도 않은 3사분면의 일들을 했다. 유튜브를 보기도 하고 넷플릭스나 온라인 카페 커뮤니티의 글을 보고, 인터넷 쇼핑이나 인스타그램을 보면서 시간을 소비했다. 그러다 밤 12시가 넘어서 잠자리에 들었다. 그리고 이러한 루틴은 몸의 컨디션을 망가뜨려 다음 날까지 안 좋은 영향을 미쳤다. 매일 이와 같은 상황이 반복됐다. 이 시간을 더 나은 방향으로 사용해야겠다고 마음을 먹은 이후에는 30분~1시간 정도 독서를 했다. 밤에 책을 읽으니 잠이 솔솔 와서 자연스럽게 숙면을 취할 수 있었다.

당신 역시 육아를 하는 상황이라면 육퇴 후의 시간을 잘 활용해보라고 말하고 싶다. 미혼이거나 아이가 없는 상황이라면 시간적 여유가 훨씬 많겠지만, 그것이 꼭 좋은 것도 아니다. 단지 중요하거나 급하지 않은 일들을 더 오랫동안 하고 있는 거라면 말이다. 이 시간에는 스마트폰이나 전자기기를 멀리 던져놓기를 강력 추천한다. 잠자기 전의 시간만 잘 활용해도, 매일 1~2시간 정도의 여유 시간을 만들 수 있다.

지금까지 5가지 히든 타임에 대해 설명했다. 당신은 이제 자투리 시간을 풍요로운 활동으로 채울 수 있다는 걸 깨달았을 것이다. 출근 전 아침, 출퇴근 시간, 점심시간, 주말, 잠자기 전 시간은 생각보다 유용할 수 있다는 것을 알았을 것이다.

이 시간만 활용해도 일주일에 책을 한두 권은 읽을 수 있다. 조금만 집중하면 1년에 100권의 책을 읽는 것도 가능하다. 실제로 나는 이 자투리 시간들을 활용해 1년에 100권씩 책을 읽었다. 강의는 두세 달에 한 패키지씩 완강했다. 블로그에 계속해서 글도 썼다.

EXERCISE: 몸을 움직이면 뇌도 움직인다

업무 능력을 제곱 레벨로 향상시킬 수 있는 방법이 있다. 바로 운동이다. 《생각의 비밀》(김승호 저)에는 부자와 가난한 사람에 관해 톰 콜리Tom Corley가 정리한 흥미로운 통계가 등장한다.

부유한 사람들의 일반적인 습관은 독서다. 88% 이상이 하루 30분 이상 독서를 즐긴다. 반면 가난한 사람은 2%만이 독서를 즐긴다고 한다. 또한 부유한 사람은 81%가 매일 할 일을 적고, 가난한 사람은 9%만이 매일의 계획을 세운다. 9배 이상 차이가 나는 것이다. 구체적인 목표를 설정하는 것(80% 대 12%)과 목표 자체를 기록해놓는 비율도 67% 대 17%로, 4배의 차이를 보인다.

운동은 어떨까? 부유한 사람들의 경우, 일주일에 4번 이상 정기적으로 운동을 하는 비율이 76%에 달하는 것으로 나타났다. 성공하고 부유한 사람들은 왜 운동을 하고 있을까? 누군가는 그저 시간적 여유가 있기 때문이라고 생각할 수도 있다. 하지만 그들은 운동을 최우선 순위로 삼는다. '시간이 나서'가 아닌, '시간을 내서' 운동을 하고 있다는 뜻이다. 그리고 성공 이후에 운동을 시작한 것이 아니라 그 과정 속에서 열심히 했다.

처음에는 부자들의 운동 루틴에 대해, 그저 건강을 지키기 위한 좋은 습관이라고 생각했다. 건강을 잃으면 모든 걸 잃기 때문이라고 생각했다. 그런데 뇌 과학 책을 읽고 나서, 다른 한 가지 이유를 알게 되었다. 운동은 모든 부분에서 최고의 능률을 만드는 치트키였던 것이다. 성공한 이들은 의식적이든 무의식적이든 이 사실을 알고 있었다. 운동은 건강뿐만 아니라, 업무 역량을 올리는 최고의 치트키라는 사실을 말이다.

스웨덴의 저명한 정신과 전문의 안데르스 한센Anders Hansen이 쓴《인스타 브레인》에는 '현대인의 라이프 스타일'에 대한 이야기가 나온다. 인간이 20만 년 전에 동아프리카에서 태어난 이후 스마트폰, 페이스북, 인터넷이 있는 현대에서 살게 된 시간은, 이전의 시간과 비교해 겨우 0.01%(1/10,000)의 기간이라고 한다. 우리는 과거 99.99%의 시간 동안 지금과 같은 형태로 살지 않았다. 수렵 채집인으로 살았다. 존 레이티John J. Ratey와 에릭 헤이거먼Eric Hagerman이 공동 저술한《운동화 신은 뇌》와 존 레이티와 리처드 매닝Richard Manning이 함께 쓴《맨발로 뛰는 뇌》를 살

퍼보면, 우리의 뇌 메커니즘을 수렵과 사냥에 빗대어 설명하기도 한다. 이외에도, 신체 활동이 뇌에 주는 이로움에 관한 사례는 많다. 대표적인 예로, 성적 향상, 업무 능력 향상, 집중력 향상 등이 있다

나는 책에 나온 내용을 직접 경험하기도 했다. 코로나 19 기간 중 재택 근무를 할 때는 주로 점심 때 운동을 했다. 주짓수 도장에 가거나, 3km, 5km를 가볍게 달렸다. 주짓수든 러닝이든 운동을 끝내고 샤워를 하면 기분이 좋고, 머리속이 깔끔하게 포맷된 것처럼 정리되었다. 복잡한 문제를 아주 빠르게 해결하기도 했다.

스티브 잡스는 중요한 의사 결정이나 논의를 해야 할 때, 수십 분씩 걸었다고 한다. 현 애플의 CEO인 팀 쿡은 새벽 4시 ~4시 반에 일어나서 웨이트 운동을 하는 루틴으로 유명하다. 무라카미 하루키가 중요 작품을 완성할 때 10km씩 뛴다는 일화도 많이 알려져 있다. 나이키의 창업자 필 나이트 역시, 회사의 위기 때마다 러닝을 하면서 멘탈을 다잡았다.

운동은 집중력, 창의력, 기억력 등 뇌의 퍼포먼스를 끌어올려준다. 스트레스를 날리는 데 도움을 주고, 행복한 감정을 느끼게 하는 호르몬을 분비하고, 노화를 늦추는 등 건강에 도움이 되는 것은 당연하다.

당신이 운동을 못했던 진짜 이유

"지금부터 움직여라! 움직여! 이봐… 움직이라고…!"

책, 영상, 강의에서 아무리 운동을 권해도 막상 실천하는 일은 쉽지 않다. 뇌의 저항 때문이다. 로버트 마우어Robert Maurer 의《아주 작은 반복의 힘》에 따르면, 뇌는 당신이 새로운 걸 하려고 할 때마다 저항한다. (정확하게는 중뇌와 편도체에서) 변화를 위험으로 인식하기 때문이다. 그리고 이러한 저항 반응은 과거 인류의 생존에 도움을 주었지만, 현대에서는 우리의 발전을 막기도 한다.

"어이 이봐?! 갑자기 왜 안 하던 운동을 해?"
"왜 책을 읽어? 읽지 마! 안 돼!"
"갑자기 왜 야식을 끊어! 먹어! 원래대로 먹으라고!"

이 같은 뇌의 저항으로 인해 우리는 흔히 작심삼일이라 불리는 만성적인 실패를 겪게 된다. 그러니 무언가 마음먹은 대로 되지 않는다고 해서 절대로 좌절할 필요 없다. 이는 지극히 과학적인 결과니까. 그러니 단순히 의지로 해결하라고 권하기보다는 다른 방식을 제안해보려고 한다. 바로 편도체를 자극하지 않는 수준의 작은 변화부터 시작하라는 것이다.

운동이 힘들다면 우선 운동복만 입어라

앞서 언급한《아주 작은 반복의 힘》의 내용을 조금 더 살펴보자. 저자 로버트 마우어는 UCLA 의과대학과 워싱턴 의과대학에 재직 중인 임상심리학자다. 그는 무언가를 시작하는 일이 어렵다면, 뇌를 속일 정도의 말도 안 되는 작은 실행, '스몰 스텝 전략'을 써볼 것을 추천한다.

책에는 줄리라는 여성의 이야기가 나온다. 줄리는 고혈압과 만성피로와 더불어 정상치를 웃도는 몸무게를 가졌다. 그녀는 두 아이를 기르는 이혼녀였고 약간의 우울증도 있었다. 최악의 상황에 처해 있던 그녀에게, 로버트는 "하루에 30분씩 유산소 운동을 하셔야 합니다!"와 같은 당연한 처방을 내릴 수는 없었다. 그렇게 하면 "당신은 내 처지가 어떤 줄 알아요?!"와 같은 반응을 보일 것이 뻔했기 때문이다. 대신 로버트는 "러닝머신 위에서 1분만 있을 수 있겠어요?" 하고 물었다. 줄리는 가벼운 미소를 보이며 그 정도는 할 수 있을 것 같다고 말했다. 그리고 두 번째 방문에서 이 다음으로는 무엇을 하면 좋을지를 물었다. 표정이 살짝 밝아져 있었다. 아주 작은 것이지만 목표를 이뤘다는 성취감을 느꼈기 때문이다. 그녀는 계속해서 다음 단계로 나아갔고, 마침내 규칙적이고 열성적으로 운동을 해낼 수 있게 되었다.

이러한 스몰 스텝 전략은, 우리 일상의 모든 부분에서 활용할 수 있다. 나도 가끔 운동하러 가기 싫을 때가 있다. 특히 운동을 제대로 하지 못할 것 같다고 생각할 때 그렇다. 늦게 가서 '깔짝깔짝 할 바에는 그냥 쉬는 게 낫지 않을까?' 하는 생각이 밀려오는 것이다.

주짓수는 보통 10분 몸풀기, 30분 기술 연습, 20분 스파링으로 진행된다. 복싱은 10~30분 정도 유산소 운동 및 스트레칭을 한다. 기본기 연습을 3분씩 3~5라운드 정도 진행한다. 3라운드 미트 트레이닝 이후, 2~3라운드 샌드백 훈련을 한다. 여기에 필요할 경우, 기초 체력 운동인 웨이트도 한다. 이 모든 과정을 다 하는 데 보통 1시간 정도 걸린다. 나는 이 과정을 온전히 다 거쳐야 '제대로' 운동했다는 기분이 든다. 그런데 가끔씩 운동 시작 시간에 맞추지 못하고 조금이라도 늦을 것 같으면, 아예 운동을 가기가 싫어지는 것이다. 처음부터 끝까지 '제대로' 못할 것 같기 때문이다. 이 경우는 앞에서 얘기한 시작조차 못하는 '저항'과는 결이 다르다고 할 수 있다. 그러나 무언가를 '하기 싫다'는 저항을 해결해야 하는 상황이라는 것은 동일하다. 이때 어떤 종류의 심리적 저항이든 로버트 마우어가 알려준 '스몰 스텝 전략'은 효과적이다.

'그냥 도장Gym에 가기만 해도 잘한 거야', '권투 글러브만 껴도 잘한 거야' 등 미션의 강도를 낮춘다. 러닝이 부담스러울 때는 '운동복만 입자. 안 뛰어도 돼. 옷만 입으면 잘한 거야', '오늘 5km는 좀 힘들 것 같은데? 그냥 1km만 뛰어도 좋지'라고 생각했다. 단 10분, 20분, 30분의 움직임이라도, 운동을 전혀 하지 않았을 때보다는 훨씬 컨디션이 좋았다. 나의 뇌를 활성화시키는 데 충분한 시간이었다.

스몰 스텝을 실행할 때는 이러한 작은 실행도 의미 있다고 진심으로 믿어야만 한다. 정말로 운동복만 입었다 벗어도 된다. 말로는 '운동복만 입어도 잘한 것이다'라고 하면서, 마음속으로는 '운동까지 해볼까?' 하고 더 높은 목표를 생각하고 있다면, 당신의 무의식은 그 마음을 눈치챌 것이다. 저항을 극단적으로 낮춰라. 그러면 조금씩 자연스럽게 다음 단계로 나아갈 수 있게 될 것이다. 옷을 입기만 하면, 다음엔 신기하게 1분이라도 뛰고 싶어질 것이다. 1분을 뛰겠다는 생각으로 달리면, 1km를 뛰고 싶어질 것이다. 5km를 뛰면 7km, 10km를 뛰게 될 것이다. 조금 더 가면 15km, 하프 마라톤도 완주할지 모른다. 나 역시 그렇게 하프 마라톤을 두 번 완주했다.

운동에 관해서는 극단적으로 목표를 낮춰라. 피식 웃음이 나고, '이것도 목표야?' 하고 스스로를 비웃게 되는 정도가 딱 좋다. 남들 눈치를 볼 필요는 전혀 없다. 목표를 아주 조금씩 계속해서 천천히 올리기만 하면 된다. 혹시 아는가? 이 작은 시작으로 인해, 당신이 주짓수 블랙벨트가 되고, 복싱 아마추어 선수가 되고, 하프 마라톤과 마라톤을 완주하고, 바디 프로필을 찍게 될 줄. 그러니 지금 당장 그 동안 생각만 했던 목표를 위해 말도 안 되게 작은 것부터 실천해보기 바란다.

FOOD
: 일에 집중이 안 된다면 먹는 것부터 바꿔라

보통 몸을 위한 식단 관리는 상식적이지만, 뇌와 업무 퍼포먼스를 올리기 위해 식단 관리를 해야 한다는 말은 생소할 것이다. 나는 오래전에 어느 책을 읽고 어쩌면 음식이 업무 퍼포먼스의 '연료'이지 않을까 하는 생각을 갖게 되었다. 그리고 식단과 관련해 아주 작은 것들을 몇 가지 바꿔보았다. 그랬더니 정말로 집중력이 향상되는 경험을 했다. 평생 달고 살았던 식곤증이 없어졌다. 보통 오후 4~5시쯤이면 어김없이 고갈되었던 체력과 집중력이 향상되었다. 이제 오후 6시까지도 집중력을 유지한다. 전반적인 업무 퍼포먼스가 향상된 것이다. 더 건강해지고 좋은 컨디션이 된 것은 두말할 것도 없다. 삶이 전체적으로 더 행복해졌다.

내가 사용한 방법이 당신에게는 맞지 않을 수도 있다. 먹는 것은 개인의 특성과 사정에 따라 다른 효과를 나타내기 때문이다. 그러니 이번 파트는 그저 참고용으로 편하게 읽어볼 것을 권한다. 그리고 적용할 수 있을 것 같은 부분은 한번 시도해보기 바란다. 궁극적으로는 당신에게 맞는 식단과 방식을 찾는 데 힌트가 된다면 좋겠다.

저탄고지 효과

《최강의 식사》를 쓴 데이브 아스프리Dave Asprey는 140kg이 넘는 체중으로 인해 다양한 다이어트 방법들을 총동원했지만 효과가 없었다. 초고도 비만으로 온갖 질병에 시달리면서 점점 생명에 위협을 느낄 지경이 되었다. 그는 실리콘밸리에서 유능함으로 억만장자가 되었지만, 정작 본인의 건강 문제는 해결하지 못하고 있었다. 게다가 그로 인해 앞으로 그의 커리어와 인생이 큰 위기에 처하게 될지도 모르는 상황이었다. 그는 결국 자신의 인생을 걸고 75만 달러(9억 원 정도)를 들여 자신의 신체 기능 전체를 수치화하는 '바이오해킹'을 실행했다. 사무실에 뇌파 측정 장치를 설치하는 등 스스로의 신체 데이터를 측정한 것이다. 그리고 마침내 본인에게 맞는 다이어트 방법을 찾아냈다.

나는 이 책을 읽고 큰 충격을 받았다. 내가 좋아하는 모든 음식들이 그동안 내 컨디션을 떨어뜨리고 있었다는 사실을 알았기 때문이다. 나는 기본적으로 밥을 좋아했다. 이 세상의 모든 튀긴 음식을 사랑했다. 온갖 종류의 주스, 탄산음료를 좋아했다.

빵도 많이 먹었다. 첫 직장에서는 탕비실에 콜라가 있어서 매일 마시곤 했다. 퇴사 후에도 2~3일에 한 캔씩은 꼬박꼬박 마셨던 것 같다. 단것을 좋아했다. 설탕이 많이 들어간 음식과 음료도 좋아했다.

그런데 책에 따르면, 이러한 탄수화물과 당은 우리의 신체는 물론 뇌 활성화에도 좋지 않다. 당이 인슐린 수치를 높인다는 것은 많이 알려진 사실이다. 그런데 이러한 인슐린의 폭발이 신체 에너지를 한 번에 올렸다가 확 떨어뜨리는 작용을 한다는 사실은 대부분 잘 모를 것이다.

나는 10대 때부터 심각한 식곤증에 시달렸다. 고3 때에도 점심시간에는 무조건 자야 했다. 심지어 수능 당일 아픈 몸으로도 점심을 먹고 잔 기억이 있다. 늘 보통 사람보다 많이 섭취하는 탄수화물이 문제가 됐다. 명절 연휴에는 본가에서 과식을 하고 집으로 돌아가는 길에 졸음운전을 한 적도 있다. '쿵!' 소리가 나서 정신을 차려 보니 앞차와 접촉 사고가 났다. 정말 심각한 수준이었다.

취업 후에도 사정은 달라지지 않았다. 미팅이 점심시간 직후에 잡히면 너무 힘들었다. 보통 오후 4시에서 5시 반 사이에는 완전히 녹아웃knockout 되어 있었다. 머리가 잘 돌아가지 않아 내 자신이 마치 고장 난 컴퓨터처럼 느껴졌다. 컴퓨터 화면에 실행창이 100개 정도 떠 있는 상태와 같았다고 할까? 당연히 제대로 된 판단이나 의사 결정을 할 수 없어서 실수도 많았다.

《최강의 식사》를 읽은 이후, 몸에 좋지 않은 음식을 차근차근 줄여나가기 시작했다. 좋아하던 콜라를 먹고 싶을 때에도 "안 돼!!" 하고 내면에 제동을 걸었다. 그렇게 아주 조금씩 변화가 생겼다. 현재는 거의 3년 동안 '저탄고지' 식단을 실천하고 있다. 동시에 14~18시간 동안 방탄커피를 제외한 음식을 제안하는 간헐적 단식을 하고 있다. 이러한 식단 관리로 인해 나에게 생긴 변화는 다음과 같다.

1. 뇌 활성화 & 집중력 유지

오후 6시까지 회의와 업무를 잘 마무리할 수 있게 되었다. 물론 그날의 업무량에 따라 차이는 있다. 아침 8시부터 회의가 있고 업무 강도가 센 날의 경우에는, 오후 5시쯤이면 지치기도 했다. 하지만 저탄고지, 간헐적 단식, 방탄커피 마시기를 진행하면서부터 뇌를 균형 있게 쓸 수 있게 되었고, 업무에 집중할 수 있는 시간이 확실히 늘어났다.

2. 체지방 감소

코로나 팬데믹이 지나가고 오랜만에 사무실에 출근한 날, 사람들이 나에게 '왜 이렇게 살이 빠졌느냐'고 물었다. 몸무게가 4~6kg 정도 줄었기 때문이다. 주목할 점은 단순한 몸무게의 변화가 아니라 체지방 감소에 있다. 20~21%였던 체지방률이 17%까지 떨어졌다.

수년간 주짓수를 수련하는 동안에도 몸무게나 체지방에는 큰 변화가 없던 터였다. 그런데 저탄고지 식단으로 바꾸고 나자 변화가 생긴 것이다. 여기에 수면 시간도 한몫했다. 5~6시간의 수면 시간을 7시간 반~8시간 정도로 조정하고 나서 체지방 감소 효과가 컸다.

3. 식곤증 해소

나는 평생 원래 식곤증이 심한 체질일 것이라고 생각하고 살았다. 그런데 식단을 바꾸고, 수면 시간을 늘리고 나서 놀랍게도 식곤증이 사라졌다.

4. 신체 컨디션 향상

전체적으로 건강한 상태가 되었다. 운동과 수면 시스템을 바로잡으니 매일의 평균 컨디션이 아주 좋다. 전체적으로, 업무 퍼포먼스를 올리는 데 최적화된 상태가 될 수 있었다.

나는 《최강의 식사》에서 소개된 모든 방식을 따르지는 않는다. 그대로 따르기엔 너무 먹을 것이 없어서다. 양질의 식재료를 구매하는 데는 생각보다 많은 비용이 든다. 책 내용을 기준으로 삼아 내 나름대로 실천하고 있는 방식은 아래와 같다.

방탄커피 마시기

오전 공복에 방탄커피를 마신다. 방탄커피는 총알도 막아낼 만큼 강력한 에너지를 주는 커피라는 의미로 붙여진 이름이다. 저탄고지(저 탄수화물 고 지방) 식단의 기본이자 핵심이다. 실리콘밸리의 억만장자 사업가인 데이브 애스프리Dave Asprey가 즐겨 마시는 것으로 유명하다. 방탄커피는 블랙 커피에, 양질의 버터, 최고 품질의 MCT C8 오일을 섞어 만든다. 개인적으로는 직접 만들어 먹는 것을 원칙으로 한다. 버터와 MCT오일은 각각 10g씩(운동하러 갈 경우에는 15g) 넣는다.

책에서는 곰팡이의 가능성을 100% 차단한 무결한 커피 원두를 써야 한다고 조언한다. 가능한 사람은 그것을 구해서 만들면 좋을 것이다. 나는 그냥 대형마트의 커피 원두 중 마음에 드는 것을 구입해 에스프레소 머신을 사용해 커피를 뽑는다. 버터는 목초를 먹고 자란 소의 우유로 만든 가성비 좋은 것을 쓰고 있다. 방탄커피의 가장 중요한 재료라고 생각하는 MCT오일은, MCT C8 제품을 사용한다.

방탄커피를 마시면 온몸에서 열이 나고 땀이 난다. 단기적으로 폭발하는 에너지를 주는지는 아직 모르겠지만, 오후 6시까지 집중력을 유지하는 데는 확실히 도움이 된다.

14~18시간 간헐적 단식

보통 6~8시 사이에 저녁을 먹는다. 그리고 8시 반~9시까지는 음식 섭취를 끝내려고 한다. 이후에는 자기 전까지 물만 마신다. 그리고 다음 날 점심을 먹을 때까지 방탄커피와 생수를 제외하고 아무것도 먹지 않는다. 점심은 보통 11:30~13:30 사이에 먹는데, 이렇게 하면 대략 16~19시간 정도 몸 안에 당과 탄수화물을 넣지 않는 셈이다.

처음 시작할 때는 심각한 공복감에 힘들 줄 알았다. 이전까지 나는 무조건 아침밥을 먹어야 하는 사람이었기 때문이다. 중·고등학교와 대학교 시절은 물론, 직장에 취업을 하고 나서도 무조건 아침을 먹어야 했다. 그렇지 않으면 하루를 망칠 거라고 생각할 정도였다. 그런데 MCT오일을 만나고 나서 신기한 경험을 했다. 방탄커피 한 잔만 마셔도 공복감이 거의 느껴지지 않았다. 나의 권유로 먹게 된 아내 역시 공복감을 느끼지 못한다고 했다. 6개월 이상 방탄커피를 마시며 간헐적 단식을 했던 아내는 3~5kg을 감량했다.

탄수화물 줄이기

야식이나 콜라 같은 음식을 줄이는 것보다 평소 먹는 밥의 양을 줄이는 것이 힘든 사람들이 의외로 많다. 나는 현재 예전에 먹던 양에서 1/3 정도의 밥만 먹는다. 대신 익힌 고기,

계란, 채소는 더 많이 먹고, 하루에 필요한 양의 탄수화물은 다른 반찬을 통해 충분히 섭취하고 있다.

빵 피하기

나는 샌드위치, 햄버거, 피자를 사랑한다. 지금은 예전에 비해 섭취량을 많이 줄였다. 빵은 먹는 순간 또 먹고 싶어진다고 한다. 글루텐이 든 곡물은 중독성이 있기 때문이다. 글루텐은 장에서 글루테오모르핀으로 분해되는데, 이 화합물은 헤로인 같은 마약처럼 뇌의 수용체를 자극한다. 빵을 완전히 끊을 수 없다면(물론 당신이 비만으로 심각한 건강 상태에 있다면, 한 달 정도라도 완전히 끊어보길 추천한다), '빵은 중독성이 강하다'는 사실을 머릿속에 입력해두자. 나는 이러한 인식만으로도 예전보다 먹는 빈도를 5배 이상 줄일 수 있었다.

튀긴 음식은 최대한 피하기

거의 모든 튀긴 음식은 몸에 좋지 않다고 한다. 세상에 있는 거의 모든 튀긴 음식을 사랑하는 나에겐 최악의 뉴스다. 튀긴 음식은 '몸에 독소를 내고 발암 물질이 될 수 있다'는 사실을 머릿속에 집어넣어라. 이전보다 2배는 섭취량을 줄일 수 있을 것이다.

(안)좋은 음식 리스트 가끔씩 보기

어떤 음식이 몸에 좋고 안 좋은지 모두 기억하는 것은 불가능하다. 나의 경우는 1년에 한 번 정도《최강의 식사》에서 소개하는 음식 리스트를 살펴본다.

조금은 허용하기

나는 저탄고지 식단으로 뇌 퍼포먼스를 최적의 상태로 끌어올릴 수 있었다. 그러나 처음부터 완벽하게 식단 관리를 하려고 했다면 아마 시작조차 할 수 없었을 것이다. 실제로 책의 내용을 따라 식단을 완벽하게 바꾸려고 시도한 주변의 지인들은 어느 정도 유지하다 모두 원래의 식습관으로 돌아갔다.

나는 식단 관리에 있어서도 '스몰 스텝 전략'을 사용했다. 콜라만 줄여보기로 한 것이다. 그리고 한 달만 방탄커피를 마시는 것으로 발전했고, 채소를 조금 더 먹기 시작하면서 결과적으로 저탄고지 식단을 생활화할 수 있었다. 주변에 저탄고지 식단을 3년 넘게 유지하는 사람은 나밖에 없다. 왜 이런 결과가 나왔을까? 내가 대단히 의지가 강한 사람이었기 때문일까? 아니다. 그저 아주 작은 것부터 시작했기 때문이다.

앞서 말했듯 새로운 것을 거부하는 뇌의 저항을 줄이기 위해서는 스트레스를 전혀 받지 않는 정도의 변화부터 시작해야 한다. 그리고 처음부터 완벽하게 지키기보다는 70~85%의 성공률을 허용한다. 어느 날 야식을 먹거나 몸에 안 좋은 음식을 먹었다고 해서 그대로 예전의 식습관으로 돌아가서는 안 된다. '뭐 그냥 그럴 수도 있지. 맛있게 먹었으면 된 거야' 하는 마음으로 가볍게 넘긴다. 그러나 이것이 반복된다면 그때는 약간의 의지력을 발휘할 필요가 있다. 이러한 허용 또한 습관으로 자리 잡을 수 있기 때문이다.

2장 요약

이번 장에서 전하고자 하는 메시지는 두 가지다. 첫째, 당신이 먹는 것은 당신의 뇌와 업무 퍼포먼스에 영향을 준다. 둘째, 당신의 뇌 퍼포먼스를 향상시킬 수 있는 방법을 'Be Water 마인드'로 찾고 생활에 적용해보라. 저탄고지 식단이 아니어도 상관없다. 그것이 무엇이든 당신의 몸과 정신의 컨디션을 향상시킬 수 있는 것을 찾아, 그저 힘을 빼고 편안하게, 뇌에 스트레스를 주지 않을 정도로 아주 작은 행동부터 시작해보기 바란다.

1. **'Be Water 마인드'**로 편안하게 무엇이든 한번 시도해보라. 해보지 않으면 내게 맞는 방식인지 아닌지를 전혀 가늠할 수 없다. 일단 시작하라.

2. **뇌와 신경가소성**은 우리가 끊임없이 발전할 수 있다고 말한다. 늦었다고 생각할 때 시작하라. 가소성을 믿고 변화를 시도하라.

3. **스테프(STEF) 시스템**은 아주 기본적인 내용으로 이루어져 있다. 그러나 이것만 잘 다져도 대부분의 사람들이 삶에서 활기와 행복감을 찾을 수 있을 것이다.

4. **수면(SLEEP)**의 질은 몸의 전체적인 회복과 강화에 중요하며, 삶의 질을 향상시킬 수 있는 치트키다. 업무 성과를 높이고 싶다면 먼저 충분히 자라.

5. **시간(TIME)**의 두 축인 워크 타임과 미 타임을 구분하라. 사분면 시스템을 통해 업무와 삶에 있어서의 우선순위를 정해두면, 전반적인 생산성을 높일 수 있을 것이다.

6. 운동(EXERCISE)은 뇌 퍼포먼스의 치트키와 같다. 더 나은 성과를 위해 운동을 하라. 실행이 어렵다면 '스몰 스텝 전략'을 써서 아주 작은 변화부터 만들어라.

7. 음식(FOOD)은 우리가 살아가는 데 꼭 필요한 연료다. 신체적 건강은 물론이고 뇌 효율, 성과 향상을 위해 꾸준히 식단을 관리하는 것이 좋다. 최대 목표의 70~85% 정도의 달성 수준을 유지하는 것으로도 충분하다.

PART 2

최고의 결과를 만드는 아웃풋의 법칙

"방해를 받거나 산만해지는 순간,
주의가 흐트러지고 주제에서 생각이 멀어지는 순간,
위대한 지성도 보통 수준으로 떨어지고 만다.

그 위대함은 집중력에 기반하고 있기 때문이다.

마치 자신에게 쏟아지는 모든 빛을 한 점으로 모으는 볼록렌즈처럼
한 가지 주제에 모든 힘을 쏟아부어야 한다."

쇼펜하우어

CHAPTER 3

지속가능한 실행을 위한
일상 루틴

몰입하고 이완하라

앞서 마인드와 에너지, 시간 관리에 대한 기초를 다졌으니 이제는 그 위에 성과라는 건물을 차근차근 쌓아 올릴 차례다. 성과를 내는 시스템에 대해 본격적으로 다루게 될 이번 장에서는, 지속가능한 시스템 운용을 위해 가장 먼저 알아야 할 몰입과 이완에 대해 다룬다.

나는 30대 중반이 되어서야 처음으로 뇌에 관한 책들을 읽기 시작했다. 뇌 과학에 관한 지식이 없던 시절에는 무슨 일이든 미친 듯이 열심히 하는 데에만 집중했다. 한마디로 이완은 없고 수축만 있는 인생을 살았던 것이다. 그러자 육체와 정신에 문제가 생겼다. 업무 성과에도 빨간불이 들어왔다. 아무리 생각을 하고 시간을 쏟아도 문제 해결의 실마리를 얻지 못하는 경우가 많았다. 쳇바퀴 돌듯 눈앞에 놓인 일들을 처리하기 바빴기에 실력도 향상되지 않았다. 그런데 몰입과 이완에 관해 공부하고 실제 삶에 적용하기 시작하면서 이러한 역량 부족과 비효율성 등의 대부분의 문제들이 해결되었다. 특히 이완을 통해 아웃풋의 질을 한 단계 높일 수 있었고, 그 결과 칼퇴를 하면서도 상위 평가를 받는, 효과적인 의사 결정 능력과 성과를 얻을 수 있었다.

이제부터 좌뇌와 우뇌에 관한 기본적인 내용을 다루고자 한다. 이어 이 두 영역을 어떻게 효율적으로 활용할 수 있을지에 관해 설명할 것이다.

우뇌를 깨워라

뇌 과학 관련 책들에서 공통적으로 다루는 파트가 좌뇌와 우뇌다. 좌뇌는 논리적, 분석적, 언어적 처리에 특화되어 있고, 우뇌는 창의적이고 직관적인 처리에 관여한다고 알려져 있다. 그러나 이러한 상식은 내 삶과 업무 퍼포먼스에는 아무런 영향도 주지 못했다.

4년 전, 나는 그동안 나의 삶을 이끌었던 '열정 모드'를 버리기로 했다. 내 업무 방식과 삶의 변화를 위해 새로운 방법을 찾아야만 했다. 열정만 부르짖다 여러 차례 큰 실패를 맛보았기 때문이다. 익스트리머 시절 겪게 된 공황장애 초기 증상과 결혼 후 첫 아이를 맞이하게 된 일은, 내게 마음을 비울 기회를 주었다. 비우고 나니 무엇으로 채워야 할지 고민하게 되었다. 이전처럼 그저 열심히 채우기만 한다면 그 끝엔 또 다시 번아웃, 한계, 실패와 같은 것들이 기다리고 있을 것이 뻔했다. 이제는 완전히 다른 방법을 찾아야만 했다. 그리고 뇌 활용에 있어서도 새로운 방법을 적용해야 했다.

익스트리머 시절에는 열정에 모든 에너지를 쏟으며 좌뇌 중심으로 살았다. 항상 긴장한 상태로 모든 일을 억지로 힘들게 했으며 비판적으로 바라봤다. 그러다 결국 좌뇌에 과부화가 온 것이다.

뇌 과학을 공부하면서 우뇌의 중요성을 알게 되었다. 우뇌는 두 가지 중요한 역할을 한다. 첫째, 생각을 정리한다. 우뇌가 가장 잘 작동하는 때는 바로 잠을 잘 때다. 수면 전문가인 매슈 워커와 하버드 의대 교수인 로버트 스틱골드Robert Stickgold는, 우리가 잠을 잘 때 뇌에서는 통일화, 동화, 추상화[7]라고 하는 세 가지 활동이 일어난다고 말한다. 깨어있는 동안 들어온 생각들을 정리하여 새롭게 처리하는 작업이다.

둘째, 우뇌는 새로운 아이디어를 제공한다. 원소 주기율

---

7   참고 도서: 대니얼 래비틴, 《정리하는 뇌》, 와이즈베리

표를 만든 드미트리 멘델레예프Dmitri Mendeleev는, 꿈에서 영감을 얻는다고 말했다. 멘델레예프가 화학 원소의 체계적인 배치를 떠올릴 수 있었던 것은 꿈꾸는 뇌 덕분이었다는 것이다. 오토 뢰비Otto Loewi 박사는 개구리 두 마리의 심장을 대상으로 놀랄 만한 실험에 성공하는 꿈을 꾸었다. 그리고 이를 바탕으로 신경 전달 물질의 존재를 입증해, 1936년 노벨 생리학·의학상을 받았다. 폴 매카트니의 노래 〈예스터데이〉와 〈렛잇비〉 역시 꿈에서 영감을 얻어 탄생된 것이다. 소설가 메리 셸리Mary Shelley는 꿈에서 본 장면과 이야기를 글로 적었는데, 그것이 《프랑켄슈타인》이다.[8]

우뇌는 잠을 자는 것과 같이 좌뇌가 이완된 상태에서 더 잘 작동한다. 나 역시 산책을 하면서, 샤워하다가, 편안하게 쉬는 동안에 복잡한 문제 해결을 위한 답을 떠올리곤 했다. 며칠 동안 책상에 앉아서 씨름해도 풀리지 않던 프로젝트 기획 아이디어가 산책을 하다가 어느 순간 정리된 적도 여러 차례다. 또한 전자책을 쓸 주제나 아이디어도 산책을 하면서 얻었다. 샤워를 하면서 지금 쓰고 있는 이 챕터에 대한 아이디어도 떠올랐다.

창의적인 해결책을 얻기 위해 우리는 우뇌를 깨워야만 한다. 그렇다고 하루 종일 산책을 하거나 샤워만 하고 있을 수는 없다. 그러니 우리는 의도적으로 일상 속에서 우뇌를 깨울 틈을

---

8   참고 도서: 매슈 워커, 《우리는 왜 잠을 자야 할까》, 열린책들

만들어야 한다. 효과적인 이완 활동을 위한 여러 가지 팁을 소개하기 전에, 먼저 몰입에 관한 내용을 살펴보자.

한 번에 하나씩 끝내라

자신이 매일 정신없이 멀티태스킹을 하고 있다고 느낀다면, 어쩌면 뇌를 100%의 효율로 사용하고 있지 못하다는 뜻일지 모른다. 데이브 크렌쇼Dave Crenshaw의 《멀티태스킹은 없다》에 따르면, 멀티태스킹은 없다. 멀티태스킹이라고 알려진 행동은 사실 일을 빠르게 전환하는 '스위치태스킹switchtasking'이라는 것이다. 그리고 이 같은 방식은 비효율적이며 때론 문제를 일으킨다. 이해를 돕기 위해 예를 들어 보겠다.

가나다라마바사아자차카타파하

ABCDEFGHIJKLMNOPQRSTUVWXYZ

1234567890

위의 내용을 위에서부터 한 줄씩, 왼쪽에서 오른쪽으로 써 나가면 어떨까? 어렵지 않을 것이다. 1~3분이면 끝나는 작업이다. 한글을 모두 적은 후 알파벳을 순서대로 적고, 그 다음에

숫자를 적는 식이다. 그렇다면 가로축 작성이 아닌 세로축을 기준으로, 한글 한 글자, 알파벳 한 글자, 숫자 한 글자씩을 적는 일은 어떨까? 아래와 같이 가를 쓰고, A를 적은 다음, 숫자 1을 쓰는 식이다.

가　나　다　라
A　B　C　D
1　2　3　4

　　아마도 할 수는 있지만 앞선 방식보다는 시간이 걸리고 머릿속도 더 복잡해질 것이다. 그렇다면 왜 우리는 더 쉬운 방식으로 일을 하고 있지 않은 걸까? 나의 11년 8개월 동안의 회사 생활을 돌아볼 때, 내 주변 대부분의 사람들이 '멀티태스킹'이라는 이름으로 이처럼 비효율적인 업무 방식을 따르고 있었다. 같은 결과를 가져올 일도 더 복잡하게 수행하면서, 그러한 행위를 능수능란하게 하는 것을 오히려 일을 잘하는 것으로 착각하는 경우가 많았다. 그들은 한글, 알파벳, 숫자에 해당하는 각각의 다른 일들을 일시에 이것저것 왔다 갔다 하면서 조금씩 했다. 실제 업무 상황을 예로 들어 보겠다.

　　자칭 '일잘러'이자 멀티태스커인 김대리가 있다. 그는 출근길 지하철에서 유튜브를 보다가 아웃룩 앱을 연다. 하루 사이에 이메일이 70건 이상 쌓여 있다. 그중 옆 팀에서 온 이메일을 연다. 짜증나는 내용이다.

김대리는 답장을 하기 위해 이리저리 메일을 작성해본다. 이대로 보내기엔 꽤 중요한 메일이어서 잠시 중단한다. 아직 지하철에서 내리기까지 20여 분의 시간이 남아 있다. 조금 전 보고 있던 유튜브 영상을 재생하는데, 이메일의 내용이 떠오르면서 짜증과 함께 수많은 반박 내용들이 머릿속을 둥둥 떠다니기 시작한다. 일을 하는 것도 아니고 머리를 식히는 것도 아닌 불편한 상태로 출근 시간을 보낸 후 회사에 도착한다.

출근 후 자리에 앉아서 차근차근 메일을 쓰려고 하는데, 지나가던 회사 동기가 오랜만이라며 반갑게 인사를 건넨다. 잠시 탕비실에서 이런저런 이야기를 나누다 보니 20분이 흘렀다. "미안! 나 하던 일이 있어서!" 대화를 끊고 자리로 돌아오는데 기분이 영 찜찜하다. 다시 책상에 앉으니 메신저로 메시지가 와 있다.

옆 팀 B대리에게 급한 SOS 요청이 왔다. 아니 왜 이렇게 급한 일은 계속 생기는 건지 모르겠다. 얼마 전에 봤던 자기계발 콘텐츠에서 '기버Giver가 되라'고 하지 않았던가. 나는 대성할 사람이니 이번에도 역시 너그럽게 도와주기로 한다. 내일은 잠시 제쳐둔다. 모든 사람들에게 잘 보여야 하니까 말이다. '역시 난 사회생활을 참 잘해!'라고 스스로를 칭찬한다.

그렇게 다른 사람의 일을 도와준 후 다시 출근길에 받았던 메일에 답장을 하기 위해 자료 조사를 시작한다. 그리고 마침내 보내기 버튼을 누르기 전, 마지막 검토를 하는 중에 카톡 알림이 울린다. 여자친구다. 최근에 본 재미있는 글을 공유해주었다. 사랑하는 그녀의 메시지에는 바로바로 답장을 하는 것이 정석이다. 고심해서 이모티콘을 골라 답장을 한다.

"이모티콘 뭐야 ㅋㅋ 너무 웃겨 ㅋㅋㅋ'

역시 내 센스는 죽지 않은 것 같다. 여자친구가 기뻐하니 나도 기분이 좋다. 다시 이메일 회신 내용을 검토한다. 그런데 다시 읽어보니 몇몇 부분이 조금 이상하다. 집중이 안 된다. 이럴 때는 물을 한 잔 마시고 스트레칭을 하라고 배웠다. 그렇게 잠시 휴식을 취한 뒤에 메일의 보내기 버튼을 누르려는 찰나, 팀장님에게 전화가 온다!

"대리님, 오늘 오전까지 요청했던 자료는 어떻게 되고 있나
요?"

"(아… 잊고 있었는데 큰일이다.) 넵! 지금 열심히 작업 중이었
습니다! 점심 드시고 오시면 확인하실 수 있도록 자료 전달
해두겠습니다. (아… 오늘 점심에도 일해야겠네.)"
"네, 잘 부탁드려요!"

밥을 먹으러 나가는 동료들이 묻는다.

"김대리님은 식사 안 하세요?"
"아, 저는 너무 바빠서 오늘 점심은 어려울 것 같아요. 요즘
너무 바쁘네요."
"네…."

그렇게 '바쁜' 김대리는 남아서 팀장님께 드릴 자료를 부랴
부랴 처리한다. 결국 1시가 좀 넘은 1시 10분이 되어서야 팀
장님께 메일을 보냈다. 그런데 좀 이상하다. '뭔가 하고 있었
는데? 아, 맞다… 이메일!' 다시 읽어보니 이 메일은 보내지
않는 것이 나을 것 같다. 감정도 좀 섞여 있는 것 같고, 준비
가 덜 된 느낌이다. 그래도 내 오전 시간을 전부 갈아 넣었는

데, 아까운 생각이 들어 결국 보내기 버튼을 누른다. 그리고 뒤늦게 샌드위치라도 먹으려고 회사 빌딩에 있는 지하 편의점으로 내려간다.

허겁지겁 샌드위치를 먹는 와중에도 단백질 보충 음료를 집어 든다. '역시 나는 이 바쁜 와중에도 내 몸을 잘 챙기는 완벽한 인간이지. 역시 난 멋있어'라며 또 스스로를 칭찬한다. 그때 급하게 전화벨이 울린다.

"네, 팀장님!"

"김대리님. 아까 그 이메일 뭐예요?"

"네…? 아… 옆 팀에서 말도 안 되는 요청 사항이 와서 답장한 것인데요?"

"그걸 그렇게 쓰면 어떡해요. 아… 곤란한 상황이 되어버렸네… 옆 팀 팀장이 제게 따로 연락이 와서 알았네요. 지금 잠시 저 좀 보실래요?"

"넵!"

1/3 정도 남은 샌드위치와 음료수를 두고, 나는 사무실로 바로 뛰어 올라간다. 왜? 열심히 일하는 일잘러니까. 팀장님이 부르시면 총알같이 달려가야지.

어떤가? 자칭 일잘러이자 멀티태스커인 김대리의 머릿속

을 들여다본 느낌이. 김대리의 업무 흐름을 한번 살펴보니 아래
와 같다.

> (개인 일) 유튜브 시청 → 이메일 확인 → (개인 일) 유튜브 시
> 청 반복 → 이메일 확인 → 스몰토크 → 이메일 확인 → 메
> 신저 → 다른 팀 급한 업무 서포트 → 이메일 확인 → (개인
> 일) 여자친구와 카톡 → 이메일 확인 → 팀장님과 전화 통화

김대리는 단 하나의 이메일 피드백을 작성하는 과정에서
무려 10번 이상 스위치태스킹을 했다. 게다가 내 일에 집중하는
게 아닌 다른 사람의 요청 사항에 먼저 반응했다. 결국, 본인의
일에서는 거의 모든 영역을 제대로 처리하지 못했다.

'멀티태스킹'이라는 용어는 CPU 연산 작용과 관련해 최
초로 등장했다. 초창기 컴퓨터의 CPU는 오직 하나였다. 이 하나
의 CPU가 빠르게 이것저것 '스위치태스킹'을 했다. 많은 일들을
마치 동시에 처리하는 것과 같은 엄청나게 빠른 속도여서 '멀티
태스킹을 한다'라는 용어가 나왔다고 한다. 그리고 한 번에 이것
저것 처리하는 인간을 보고 '멀티태스킹에 능하다'라는 용어를
사용하기 시작한 것이다.

그렇다면 인간도 CPU처럼 '스위치태스킹'을 빠르게 하
는 것이 가능할까? 크리스 베일리Chris Bailey의 《하이퍼포커스》에

따르면, 한 번 흐트러진 집중력을 회복하는 데에는 평균 27분 정도가 걸린다. 김대리처럼 꽤나 까다로운 이메일 회신을 해야 한다고 한번 생각해보자. 카톡 답장을 보내고, 다시 이메일을 조금 쓰고, 전화를 받는다. 다시 이메일을 쓰다가 동료와 스몰토크를 한다. 각각의 과정에서 자신도 모르는 새 27분씩의 전환비용을 사용하고 있는 것이다.

그래서일까? 보통 사람들은 이메일이나 전화가 오지 않는 새벽이나 늦은 밤에, 기획과 같이 집중력이 필요한 업무를 더 잘 수행한다. 내가 말하려고 하는 메시지는 명확하다. 멀티태스킹은 없다! 그저 정신없이 전환하는 스위치태스킹이 있을 뿐이다. 그러니 일을 제대로 하고 싶다면, 집중해서 하나씩 끝내라.

하이퍼포커스Hyperfocus 를 위해 알아야 할 3가지

스위치태스킹이 업무 퍼포먼스를 떨어뜨린다는 사실을 알았다. 그렇다면, 초집중을 위해서는 어떻게 해야 할까?

방해물을 차단하고,
하나씩 묶어서 처리하라.

1. 방해물 차단하기

우리는 하루 종일 과연 몇 번이나 스마트폰을 만질까? 알려진 데이터에 따르면 약 2,600회[9]다. 이 숫자에 따르면 우리는 대략 10분에 한 번꼴로 스마트폰을 만지고 있다. 안데르스 한센은 《인스타 브레인》에서, 이러한 중독적인 스마트폰 집착의 원인은 도파민과 새로움을 추구하는 인간의 본능 때문이라고 말한다.

과거 인류는 동굴이나 숲속에 터전을 마련해 살면서, 언제 들이닥칠지 모를 적으로부터 가족을 보호하기 위해 늘 긴장한 채 살았다. 어디선가 '스스슥' '사르륵' 작은 소리만 나도 촉각을 곤두세워야 했을 것이다. 그리고 이처럼 생존을 위한 집중력을 발휘하는 과정에서, 뇌에서는 아마도 도파민이 분출되어 생존에 유리하도록 도왔을 것이다.

디지털 시대에서는 스마트폰이 도파민 분출의 자극제가 된다. '카톡!' 하고 울리는 알림음을 들었을 때를 떠올려 보라. 아마 우리의 뇌가 반응하기 전에 자연스럽게 카톡 어플을 켜고 있을 것이다. 인스타그램 알림이 뜨면 누가 내 게시물에 '좋아요'를 눌렀을지 궁금해서 참을 수가 없다. 그리고 이러한 모든 자극들이 당신의 뇌에 과부하를 일으켜 진짜 중요한 일에 발휘

---

9   참고 자료: www.brusselstimes.com/232851/people-touch-their-smartphone-
over-2600-times-a-day-research-shows

해야 할 집중력을 떨어뜨린다.

방해물을 줄여 일의 능률을 올릴 수 있는 가장 간단한 방법 중 하나는 바로 스마트폰의 알림 기능을 차단하는 것이다. 이를 해결하는 방법에 관해서는 제이크 냅과 존 제라츠키가 쓴 《메이크 타임》을 통해 배웠다. 이 책에는 시간, 집중력, 에너지를 극대화하는 87가지 기술이 담겨 있다. 책에 나오는 여러 가지 내용 중에서 나는 끝없이 펼쳐지는 알림 목록을 의미하는 '인피니티 풀'이라는 용어에 끌렸다. 인피티니 풀은 저자가 정의한 개념으로, 스마트폰의 잠금 화면이 끝도 없는 알림창으로 가득 차 있는 장면에서 따왔다.

나는 이러한 알림으로 인해 집중력이 저해되는 문제를 해결하기 위한 방법에 집중했다. 먼저, 문자와 전화 등 필수 어플의 알림만 켜두고 나머지는 모두 껐다. 최근에도 필요할 때만 켰다가 끄는 일을 반복하고 있다. 이 방식을 통해, 하루에도 수십 번씩 울리는 알림을 통제할 수 있게 되었다.

특히 아웃룩 이메일의 알림은 꺼두는 것이 좋다. 당신이 한창 작업 중일 때 모니터 우측 하단에 뜨는 팝업창 하나가 순식간에 집중력을 흐트러트릴 수 있다. 만약, 재택근무 중이라면 대담하게 메신저의 알림을 끄는 것도 고려해보자. 단, 직속 상사나 중요 거래처의 메시지 알림을 놓쳐서는 안 된다. 알림 차단은 사사로운 잡담을 방지할 목적이라는 것을 잊지 말자.

업무 몰입도를 높이는 방법 중 다른 하나는 스마트폰의 '업무 모드'(아이폰 기준)를 활용하는 것이다. 업무 모드를 켜두면, 방해가 될 만한 알림들을 걸러서 차단할 수 있다. 단, 이때도 상사나 중요한 클라이언트 등의 연락은 받을 수 있도록 설정해야 한다.

주말이나 이른 새벽, 업무 시간 외의 일상을 온전히 누리기 위함이라면, '에어플레인 모드'를 활용할 수 있다. 새벽이나 오전 루틴을 위한 아주 이른 시간, 혹은 밤이나 주말에 활용하면 좋다. 에어플레인 모드에서는 모든 알림이 차단되기 때문에 상황에 따라 '개인시간 모드'(아이폰 기준)를 활용하는 것도 방법이다. 여기에는 아내, 남편, 가족 등 정말 중요한 사람들의 연락은 받을 수 있도록 등록하는 기능이 있다.

2. 한 번에 하나씩만 하라

업무를 처리할 때는 하나씩 집중해서 처리하라. 반드시 하나씩! 혹시 무엇부터 처리해야 할지 우선순위를 정하는 것이 힘들다면 '파레토의 법칙'에 따라 정한, 가장 중요한 한두 가지 일을 먼저 집중해서 끝내면 된다. 파레토의 법칙은 20%가 80%에 영향을 준다는 법칙으로, 우선순위를 정할 때 중요한 20%에 해당하는 영역에 집중하는 걸 말한다. (이 부분에 관해서는 뒤에서 더 자세히 설명하겠다.)

앞서 굉장한 하루를 보냈던 김대리를 떠올려 보자. 그는 복잡한 이메일의 내용을 해석하고 그에 맞는 답을 찾아 적절한 문장으로 답신을 보내는 일이 1순위로 정한 업무였다. 그렇다면 25분 정도 초집중하여 그 일에만 매달렸어야 한다. 직속 상사의 연락을 제외한 그 누구의 방해도 받지 말고 말이다.

초집중 상태는 수치로 정확히 설명할 수 있는 것은 아니지만, 아마 당신도 보면 바로 알아챌 수 있을 것이다. 모니터를 보며 다른 생각을 하는 사람과는 눈빛부터 다르니까. 일에 완전히 몰입한 사람은 옆에서 말 걸기가 무서울(?) 정도의 몰입감을 보여준다. 물론 모든 업무를 이러한 에너지를 소모하며 처리할 수는 없을 것이다. 그렇기 때문에, 그날 처리해야 할 업무 중 가장 중요한 한두 가지 일을 정하는 우선순위 단계가 중요한 것이다. 철학자 쇼펜하우어는 300년 전 이러한 하이퍼포커스의 비밀을 깨달았던 것 같다.

"방해를 받거나 산만해지는 순간,
주의가 흐트러지고 주제에서 생각이 멀어지는 순간,
위대한 지성도 보통 수준으로 떨어지고 만다.

그 위대함은 집중력에 기반하고 있기 때문이다.

마치 자신에게 쏟아지는 모든 빛을

한 점으로 모으는 볼록렌즈처럼

한 가지 주제에 모든 힘을 쏟아부어야 한다."

_아르투어 쇼펜하우어(1788~1860)

3. 그룹화하라

자질구레한 다양한 일들이 흩어져 있을 때는 일을 그룹화한다.[10] 묶을 수 있는 일들은 묶어서 하나의 일로 인식하는 것이다.

집안일을 예로 들어 보겠다. 당신이 오늘 저녁에 주방에서 해야 하는 일은 다음과 같다. 버섯 씻기, 당근 씻기, 씻은 버섯과 당근 썰기, 쌀 씻기, 밥하기, 프라이팬 두 개 인덕션에 올리기, 기름 붓기, 기름을 다시 찬장에 넣기, 프라이팬에 소고기 올리기, 씻은 당근과 버섯 넣기, 식탁에 숟가락 놓기, 젓가락 놓기, 그릇 세팅하기, 아이들 밥 먹이기, 흘린 음식 치우기, 그릇 정리하기, 식기세척기 돌리기 전 초벌 씻기, 식기세척기 돌리기, 일부 그릇 설거지하기, 식탁 닦기, 음식물 쓰레기 정리하기, 벽에 튄 기름 닦기… 하나씩의 항목을 따지자면 할 일이 20가지 이상이다.

퇴근했지만 업무 관련 이메일 하나를 슬쩍 확인해본다.

---

10   참고 도서: 테오 컴퍼놀Theo Compernolle, 《너무 재밌어서 잠 못 드는 뇌 과학》, 생각의 길

급한 건이다. 그런데 갑자기 두 아이가 소리를 지르며 싸우기 시작한다. 스트레스가 폭발하는 이때 갑자기 택배가 와서 인터폰이 요란하게 울린다. 카톡 알림도 뜬다. 또 다시 스위치태스킹의 늪에 빠지게 된 힘든 저녁 시간이다.

이 복잡한 상황을 해결하기 위해서는 우선 일의 그룹화와 우선순위 정하기가 필요하다. 저녁 식사를 준비하는 데 필요한 모든 일은 '저녁 식사 준비하기'라는 하나의 일로 묶는다. 해야 할 일 20가지가 '저녁 식사 준비하기'라는 한 가지 일이 된다. 그리고 가장 먼저 끝내야 할 일로 순위를 정해, 저녁 식사 준비를 모두 마친 후에 '아이 돌보기', '회신하기(이메일, 카톡)'와 같은 다른 그룹의 일을 순서대로 처리하는 것이다.

해야 할 일이 너무 두서없이 복잡하게 흩어져 있다고 생각될 때에는, 먼저 그룹화하고 나서 우선순위를 정하라. 이메일, 문자, 뉴스, 소셜 미디어를 확인하는 일은 하나로 묶어서 한꺼번에 처리한다. 대화하는 시간도 묶는다. 하기 싫은 일도 모두 묶어서 처리하라. 가족·친구들과의 시간도 하나로 묶어 하나씩 집중하면서 해내라.

일을 할 때도 마찬가지다. 글로벌 기업 안에서 마케팅 업무를 하는 회사원의 관점에서 생각해보겠다. 내일 오전 미팅을 위해 미팅룸 예약하기, 미팅 참석자 확인하기, 미팅 논점 확인하기, 미팅 회의록 정리하기, 시간 조율하기, 이메일 쓰기, 메신저 회신, 캠페인 목표 설정, 아이디어 기획, 트래픽 설계, 카피라이팅 정리, 인플루언서 목록 정리, 인플루언서 미팅, 예산 확인, 비용 조율, 신규 에이전시 계약, 계약서 작성, 에이전시 교육, 에이전시 가이드 작성, 유관 팀 미팅으로 논점 정리, 지난주 이벤트 데이터 정리, 보고 자료를 위한 장표 정리, 직속 상사에게 우선 보고 등 할 일이 20건 이상이다. 일이 너무 많아 보여 짓눌릴 것 같다. 이럴 때는 여러가지 일(task)을 묶어서 인식하면 부담이 줄어든다. 위에서 열거한 일을 상위 그룹으로 묶으면, 다음과 같이 세 가지 항목으로 정리할 수 있다.

캠페인 목표 설정, 아이디어 기획, 트래픽 설계, 카피라이팅 정리, 인플루언서 목록 정리, 인플루언서 미팅, 예산 확인, 비용 조율, 신규 에이전시 계약, 계약서 작성, 에이전시 교육, 에이전시 가이드 작성, 유관 팀 미팅으로 논점 정리, 미팅룸 예약하기, 미팅 참석자 확인하기, 미팅 논점 확인하기, 미팅 회의록 정리하기, 미팅 시간 조율하기

→ **캠페인 기획 및 준비**

이메일 쓰기, 메신저 회신

→ **업무 관련 커뮤니케이션**

지난주 이벤트 건 데이터 정리, 보고 자료를 위한 장표 정리,
직속 상사에게 우선 보고

→ **보고서 작업**

초집중을 위한 '방해물을 차단하고, 하나씩 묶어서 하기'
에 관해 어느 정도 감을 잡았을 것이다. 이 개념을 이해한 이후
에 실제적으로 써먹을 수 있는 테크닉과 아이템이 있어서 소개
한다. 나는 4년이 넘도록 매일같이 이 테크닉을 활용하고 있다.
나이키에서 3년 연속 상위 평가를 받는 데 좋은 영향을 준 방법
이기도 하다.

타임타이머 활용법

하나씩 집중해서 일을 끝마치는 것을 직접적으로 도와주
는 기술과 도구를 소개한다. 바로 '포모도로 테크닉 Pomodoro Technique'과 '타임타이머'다.

포모도로 테크닉은 1980년대 프란체스코 시릴로 Francesco Cirillo가 개발한 시간 관리 기술이다. 25분 동안 집중하고 5분은
쉬는 방식이다. 처음에는 '25분'이라는 기준에 대해 의문을 가
졌다. 보통 중요한 업무를 할 때 한두 시간은 집중해서 처리해야

하기 때문이다. 그런데 '겨우 25분이라고?' 하는 생각이 들었다. 그러나 실제로 적용해본 결과는 성공적이었다. 타임타이머를 활용하니 집중력이 엄청나게 향상됐다. 25분이라는 너무 짧지도 길지도 않은 시간이 긴장감을 적당히 유지시켜주었다. 타임타이머의 작동 원리는 단순하다. 가운데 튀어나와 있는 레버를 시계 반대 방향으로 돌리면 빨간색 영역이 생긴다. 원 밖에 표시되어 있는 숫자는 남은 시간(분)을 보여준다. 손을 떼면 시계 방향에 맞춰서 서서히 줄어든다.

포모도로 시간에 해당하는 25분으로 타임타이머를 맞추면, 빨간색 영역의 절반에 해당하는 30분 지점을 넘어선 상태로 세팅이 된다. 이미 중간 지점을 넘어선 것으로 보여지기 때문에 심리적으로 어려운 고비를 넘은 것처럼 느껴지기도 한다. 또 한 가지 좋은 점이 있다. 25분 집중에 성공하고 나면, 또 다른 25분을 이어가기가 쉽다는 것이다. 결과적으로 1시간 동안 온전히 집중할 수 있다.

이미 앞서 밝혔지만, 포모도로 테크닉을 제대로 적용하기 위해서는 타임타이머가 필요하다. 타임타이머는 온라인에서 1~5만 원대에 구매할 수 있다. 어떤 것을 선택해도 상관없다. 나는 빨간색 게이지가 시계 방향에 맞춰 줄어드는 방식의 오리지널 제품을 사용하고 있다. 오른쪽 사진은 실제로 내가 사용 중인 타임타이머다. 이 타임타이머를 처음 구매한 2019년 이후,

5년 넘게 거의 매일 하루도 빠짐없이 사용하고 있다.

타임타이머는 초시계와 비교했을 때, 뇌 효율성에 있어 한 가지 큰 이점이 있다. 시간이 얼마나 남았는지 힐끔 볼 때, 수치적으로 계산하는 좌뇌의 영역을 사용하지 않아도 된다는 것이다. 빨간색 영역을 시각적으로 보면서 남은 시간을 직관적으로 느낄 수 있기 때문에 뇌의 피로도가 확실히 덜 하다고 느꼈다.

타임타이머와 포모도로 테크닉의 조합은 세 가지 부분에서 놀라운 결과를 가져다주었다. 실행 모드 활성화, 집중력 향상, 시작하는 힘을 기르는 데 큰 도움이 되었다.

1. 실행 모드 활성화

타임타이머를 돌리는 순간, 곧바로 일을 시작할 수 있다.

50, 100미터 달리기를 하려고 스타트라인에 섰을 때, 트랙에 울리는 '총성'과도 같다. 일단 시간이 세팅되면 단거리 달리기를 시작한 것과 같은 느낌을 받는다. 단거리를 미친 듯이 달릴 때 기분이 어떠한가? 잡념이 들 틈이 없다. 집중해서 달릴 뿐이다.

타임타이머를 활용할 때도 마찬가지다. 다른 생각이 생길 틈이 없다. 한 가지 일에 집중하고 몰입할 수 있게 해준다. 실행 모드를 바로 활성화시켜준다.

2. 집중력 향상

집중력을 올리는 데 특효약이다. 25분이든, 좀 더 짧은 시간이든 '달려야 할 때'는 타임타이머를 획 돌린다. 극한의 집중력을 필요로 할 때, 급한 보고서를 작성할 때, 칼퇴를 위해 남은 업무를 처리할 때마다 큰 도움이 되었다.

3. 시작하는 힘을 길러줌

곧바로 일을 시작하지 못 하는 이유 중 하나는 '어떻게 하지?' 하는 방법론적인 고민과, 꼬리에 꼬리를 무는 잡념이다. 타임타이머는 이 중 잡념을 없애는 데 도움이 된다. 일을 하다 복잡한 생각이 스멀스멀 올라와 실행을 하지 못할 때는 타임타이머를 돌린다. 그러면 일단 시작할 힘을 얻게 된다.

포모도로 테크닉과 타임타이머의 이점에 대해서는 어느

정도 알았을 것이다. 하지만 구체적으로 어떻게 활용할지 감이 안 올 수도 있다.

타임타이머는 기획서나 보고서를 쓸 때, 예산 업무와 같은 중요한 엑셀 작업을 할 때, 데이터 분석을 할 때 등 반짝 집중해서 처리해야 하는 업무 수행 시에 유용하다. (상황에 따라 워크숍에서, 혹은 회의 때 쓰기도 했다.)

타임타이머의 세팅 시간은 포모도로 테크닉에 따라 보통 25분으로 한다. 한 가지 일을 집중해서 실행하기에 적당한 시간이다. 예전에는 업무별로 한 시간을 기준으로 한 적이 있다. 그랬더니 시간이 남을 경우 종종 딴짓을 하며 여유를 부렸다. 그후 하나의 큰 업무도 작은 단위로 쪼개서 25분씩 집중해서 처리했더니 효과가 더 좋았다. 25분 일한 후에는 5분을 쉴 때도 있고, 바로 다음 25분을 실행하기도 했다.

무언가를 정말로 시작하기 싫을 때는 5분, 3분, 1분과 같이 시간을 아주 짧게 세팅하고 실행했다. '워드 파일 열어서 한 줄 쓰기, 한 문단 쓰기' 또는 '아이패드 켜서 원노트 OneNote 앱을 열고 마인드맵의 타이틀만 쓰기'와 같이, 작은 일부터 시작하는 스몰 스텝 전략을 썼다.

일단 시작하라. 그럼 놀랍게도 계속하게 된다. 때에 따라서는 한 시간 이상 집중해서 처리하기도 했다. (이 부분에 대해서는 뒤에 다시 '파킨슨의 법칙'과 '자이가르닉 효과'를 설명하며 덧붙이겠다.)

업무를 위해 타임타이머를 활용할 때 알아두면 좋을 세 가지 팁이 있어 소개한다.

1. 집중 모드 / 업무 모드

초집중이 필요한 경우, 앞서 말한 바와 같이 아이폰의 집중 모드나 업무 모드를 활용하면 도움이 된다. 업무 모드의 경우, 직속 상사 혹은 중요 거래처나 클라이언트 2~3명과 가족 중 1~2명의 번호는 알림이 올 수 있게 입력해둔다.

이 모드가 켜져 있는 동안에는 이들을 제외한 다른 사람들의 전화는 울리지 않을 것이다. 직속 상사나 주요 클라이언트에게 걸려오는 전화는 받을 수 있기 때문에 업무에 문제가 되지 않을 것이다.

이런 식으로 외부 자극을 차단한 후 중요한 일들을 초집중해서 처리한다. 보통은 머리가 가장 맑은 오전 시간에 이와 같은 방식으로 진행한다. 이때는 가장 중요한 회사 업무, 딱 한 가지에만 집중해보자. 상황에 따라 이메일 확인 업무도 이 첫 번째 업무를 처리한 이후에 진행한다.

나는 이 방식을 통해, 지난 10년 동안 일했던 것보다 최근 2~3년간 더 높은 업무 효율을 경험할 수 있었다.

2. 헤드셋 / 노이즈 캔슬링

사무실이 어수선할 경우에는 노이즈 캔슬링 기능이 있는 헤드셋도 함께 활용한다. 헤드셋을 끼고 있으면, 누군가 지나가다 불필요한 잡담을 위해 말을 거는 걸 막을 수 있다. 타임타이머, 스마트폰 업무 모드 설정, 노이즈 캔슬링 헤드셋, 이 세 가지는 초집중을 위한 최강의 조합이다.

물론, 하루 종일 헤드셋을 끼고 대화를 차단해서는 안 된다. 상황에 따라 꼭 필요할 경우에만 사용하기 바란다. (헤드셋 착용은 사내 문화에 따라 허용이 안 될 수도 있다. 눈치껏 쓰기 바란다.)

3. 타임타이머

타임타이머는 앱이 아닌 실물 사용을 추천한다. 앱을 켜려면 여러 번 탭을 해야 하기 때문이다. 소중한 뇌 에너지를 갉아먹는 듯한 느낌이 든다. 그리고 앱으로 실행 중에 다른 푸시 메시지나 알람이 오면 문제가 된다. 하지만 불가피하게 앱을 써야 하는 상황이라면, 스마트폰을 에어플레인 모드나 방해 금지 모드에 둔다.

지금까지 집중력과 업무 효율성을 높이기 위한 기술과 도구를 소개했다. 그러나 이러한 테크닉들이 기발한 해결책을 제시하거나 창의적인 기획을 떠올리게 해주지는 않는다. 결국 몰입은 이완 활동과 함께할 때 더욱 쓸모가 있다. 이제부터는 이완 활동을 위해 우뇌를 깨우는 방법 몇 가지를 살펴보려고 한다. 우선 가장 쉽게 할 수 있는, 산책법을 소개한다.

생산성을 높이는 산책 효과

대니얼 J. 레비틴Daniel J. Levitin의 책《정리하는 뇌》에 흥미로운 실험이 나온다. 실험자는 피실험자에게 어떤 종류의 펜을 쓸 것인지, 무슨 색을 쓸 것인지 등과 같은, 사소한 질문을 끊임없이 던진다. 계속해서 선택을 하게 만드는 것이다. 이때 피실험자는 작은 의사 결정을 계속했을 뿐인데 판단력과 두뇌 활동이 현격하게 떨어지는 결과를 보였다.

행동과학 분야의 권위자인 대니얼 Z. 리버먼Daniel Z. Lieberman의 책《도파민형 인간》(마이클 E. 롱 공동 집필)에는 좀 더 극단적인 예가 나온다. 도파민이 분비되는 관점에서 봤을 때, 점심 메뉴를 고민하는 꼬마나 전쟁 참전을 고민하는 대통령의 경우가 결과적으로 크게 다르지 않다는 것이다.

이 두 사례가 의미하는 바는 무엇일까? 꼭 국가의 운명이나 인생이 걸린 문제가 아니더라도, 자잘한 의사 결정에 있어서 역시 우리의 뇌는 빠르게 소모되고 있다는 것이다. 아침에 일어나서 확인하는 카톡 메시지에 어떻게 답할지, 어떤 이모티콘을 쓸지 고민하는 일, 인스타그램 콘텐츠를 보며 '좋아요'를 누를지 말지 고민하는 찰나에 우리의 뇌는 피로해지고 있다. 출근 전까지 핸드폰으로 이런저런 활동을 많이 했다면, 출근 직후 당신의 에너지와 뇌 용량은 이미 노란색이나 빨간색 게이지에 해당되는 수준까지 내려갔을지 모른다. 본격적으로 일을 시작하기도 전에 이미 뇌가 지쳐 있다는 말이다. 그러니 업무 효율이 제대로 날 리가 없다. 어떻게든 뇌의 피로를 풀고 에너지 게이지를 올릴 수 있는 '이완 활동'을 찾아야만 한다. 나의 경우는 산책에서 그 답을 찾았다.

코로나 팬데믹 당시 재택근무가 길어지면서 어느 순간부터 업무 퍼포먼스가 떨어지는 것이 느껴졌다. 책상 앞에 앉아 아무리 고민을 해도 머리에 잼Jam이 걸린 것처럼 더 이상 진도를 나가지 못할 때도 있었다. 특히 새로운 아이디어를 기획해야 할 때가 문제였다. 아무것도 떠오르지 않았다. 그러던 어느 날, 나는 목적지도 없이 무작정 밖으로 나가 동네를 한 바퀴 돌았다. 산책한 지 10~15분 정도 지났을 때, 갑자기 하고 있던 작업의 우선순위가 정리되었다. 그리고 집에 돌아올 때쯤 생각이 아주 또렷해졌다. 여러 가지 창이 많이 떠 있는 컴퓨터를 재부팅한 것처럼 머릿속이 깔끔해진 느낌을 받았다.

이완을 위한 산책을 할 때는 사무 공간에서 벗어나는 것이 좋다. 집 안에서 이리저리 돌아다니거나, 이 방 저 방 헤매는 일은 도움이 되지 않았다. 창밖을 잠시 내다보는 것도 좋았지만 완전한 해결책은 아니었다. 몇 번의 이완 산책을 해보니, 이완 효과를 망치는 두 가지 주의 사항도 발견했다.

1. 산책하는 동안 스마트폰 (최대한) 사용 금지

복잡한 머릿속을 정리하기 위해 산책을 하는 것이라면 스마트폰과 같은 전자기기는 잠시 멀리해야 한다. 10~20분 정도의 짧은 산책이라면 집에 두고 가도 좋다. 급한 연락이나 업무 소통으로 인해 스마트폰을 들고 간 경우라면 수신용으로만 사용하라.

2. 집으로 돌아올 때, 세 번 조심

산책의 효과를 극대화하기 위해 스마트폰은 최대한 보지 않는다. 산책을 마무리하기 전 이 주의 사항을 무심코 깨트리게 되는 3번의 위기가 닥칠 수 있는데, 첫째, 엘리베이터 혹은 계단을 오르는 순간을 조심해야 한다. 이때 무의식적으로 스마트폰을 열게 되면 산책의 효과가 한방에 날아갈 수 있다.

둘째, 산책을 마치고 돌아와 현관으로 들어서는 순간을 조심하라. 습관적으로 폰 알림을 보려고 한다. 셋째, 맑은 정신으로 돌아와서 기분 좋게 책상에 앉았다면, 산책할 때 떠오른 가장 중요한 일부터 처리해야 한다. 이메일을 확인하거나 스마트폰을 켜서 카톡부터 보는 습관을 멈춰라. 그러면 애써 비운 뇌에 다시 수많은 창을 띄우는 셈이 된다. 산책할 때 떠오른 아이디어나, 가장 먼저 처리해야 할 중요한 일부터 실행하라.

나는 이러한 이완을 위한 산책하기를 통해 업무에 있어 세 가지 효과를 보았다. 새로운 아이디어 얻기, 복잡한 문제 정리하기, 스트레스 해소다. 무엇보다 새로운 아이디어를 떠올리는 데 큰 도움이 되었다. 이완으로 인해 우뇌가 활동을 시작하면서 좌뇌에 있던 정보들이 정리되고 자연스럽게 새로운 아이디어가 떠올랐다. 지금도 나는 일을 하다 막히는 상황이 되면 스마트폰을 내려놓고 잠시 산책을 나간다.

두 번째, 복잡한 문제(과제)가 정리되는 경우가 많았다. 나이키 재직 당시, 마케터로서 나에게 있어 가장 복잡한 업무라고 할 수 있는 대표적인 과제는 캠페인 기획이었다. 마케팅 실무를 11년이 넘게 했었지만 아무리 생각해도 정리되지 않는 때가 있었다. 이럴 때 밖으로 나가 10~15분 정도 산책하고 돌아오면, 신기하게도 일의 구조가 세워지고 뒤엉켜 있던 문제들이 정리되곤 했다. 그 외에 복잡한 직장 내 관계, 꼬여 있던 수많은 문제에 관한 답 역시 산책을 통해 얻는 경우가 많았다.

세 번째, 스트레스가 풀렸다. 기분도 좋아졌다. 가벼운 산책을 통해 위에서 언급한 것처럼 새로운 아이디어를 얻거나 복잡한 구조를 해결하지 못할 때도 있었다. 그럴 때에도 최소한 기분은 좋아졌다. 집중해서 일할 수 있는 힘을 얻었다.

스티브 잡스, 마크 저커버그, 리드 호프먼(링크드인 공동 창립자), 잭 도시(트위터&스퀘어 공동 창립자)와 같은 세계적인 아이디어 뱅커들 역시 산책을 즐겨 한다. 칸트, 니체, 찰스 다윈, 데이비드 소로 역시 산책 마니아로 알려졌다. 칸트는 거의 매일 아침마다 산책을 했던 것으로 유명하다.

산책은 이제 나만의 이완 루틴 중 하나로 자리 잡았다. 산책은 내게 멘탈과 뇌의 리프레시를 돕는 치트키다. 이제 당신도 일을 하다 막힐 때는 스마트폰을 드는 대신 산책을 나가라. 산책은 돈이 들지도 않고 뇌의 에너지를 소모하지도 않는다. 손해 볼 일이 없는 것이다. 그저 'Be Water 마인드'를 가지고 직접 시도해보기 바란다. 스마트폰 없이.

호텔 효과: 정리 정돈의 놀라운 힘

우리는 좋은 환경에 둘러싸여 있을 때 에너지를 받는다. 고급 호텔에 들어서는 순간, 기분이 좋아지는 것도 이러한 이유다. 호텔의 높은 천장, 수준 높은 접객 서비스, 편안한 조명과 조도, 맛있는 음식 등은 우리를 기분 좋게 만든다. 그리고 이는 호텔마다 가지고 있는, 최상의 컨디션으로 공간과 서비스를 유지하기 위한 매뉴얼 덕분일 것이다. 고급 호텔은 그 매뉴얼에 따라 일정한 수준의 서비스를 제공한다. 호텔에서 제공되는 어메니티와 미니 바의 브랜드 리스트부터, 물건 각각의 위치와 각도까지, 일정하게 정리 정돈된 이러한 환경은, 특유의 평온한 감정을 불러일으킨다. 여기에 여백과 비움, 완벽한 청소 상태로 공간의 이미지가 완성된다. 객실 내부에 있는 여백 가득하고 말끔한 데스크는 여유로운 느낌을 준다. 휴지통과 서랍도 깨끗하게 비워져 있다. 우리는 이렇게 누군가의 수고로 깨끗하게 정돈된 공간에 들어서며 자연스럽게 편안함과 기분 좋은 감정을 느끼게 되는 것이다.

최상의 퍼포먼스를 내고 싶다면 아침에 일어나서 '이불부터 정돈하라'는 말이 있다. 이 조언은 오사마 빈 라덴 체포 작전을 성공적으로 진두지휘한, 미 해군 제독 윌리엄 맥레이븐^{William McRaven}이 텍사스대학교 졸업식에서 한 연설 중에 한 말로, 지금도 많은 자기계발 관련 강의와 책에서 인용되고 있다. 손흥민 선수를 키워낸 아버지 손웅정 감독은 청소를 명상에 빗대기도 했다. 정리 정돈의 힘이 이렇게 클 줄은 나 역시 예전엔 미처 몰랐다. 내가 생각하는 이러한 '호텔 효과'의 이점은 다음과 같다.

1. 물건 찾는 시간을 절약할 수 있다.

2. 정리된 공간에서는 최고의 에너지를 낼 수 있다.

3. 시신경은 두뇌의 정보 처리에 있어 많은 부분을 차지한다고 알려져 있다. 정리 정돈과 청소는 시신경을 자극하지 않아 뇌를 이완한다. 결과적으로, 최고의 퍼포먼스를 낼 수 있게 도와준다.

4. 본능적인 이점이 있다. 기분이 좋아진다.

내가 지속가능한 아웃풋 시스템을 원활하게 하기 위한 정리 정돈과 청소를 위해 매일 하는 일이 있다. 아래의 세 가지다.

(일어나자 마자) 이불 정리 (3분)

아침에 일어나면 매일 이불부터 정리한다. 한 가지 목표를 성취하면서 하루를 시작할 수 있어 기분이 좋아진다. 내게 이불을 정리하는 행위는 성취 워밍업이다. 또한 밤에 침대에 들어갈 때 기분이 좋다.

(업무 시작 전) 빠르게 공간 정리와 청소 (5~10분)

업무 시작 전에, 일하는 공간을 아주 빠르게 정리한다.

(업무 이후) 빠르게 마무리 정리와 청소 (5~10분)

업무가 끝나면 되도록 5~10분 정도를 할애해 주변을 정

머릿속을 정리하듯 컴퓨터 바탕화면을 정리하라

리하고 청소한다. 이렇게 하면, 다음 날 그 공간에 들어갈 때 기분이 좋다. 호텔에 들어설 때처럼 설레기도 한다. 잠자리에 들 때 아침에 정리한 이불을 보면서 기분이 좋아지는 것과 같은 원리다.

컴퓨터 바탕화면 정리하기 (5~10분)

아이콘으로 꽉 찬 바탕화면을 볼 때마다 아마도 뇌는 피로감을 느낄 것이다.

나는 바탕화면은 최대한 아무런 디자인도 없는 검은색으로 해놓는다. 다른 잡생각 없이 일에만 집중하기 위한 방법 중 하나다. 폴더 정리는 물론 아이콘도 최대한 없앤다.

만약 컴퓨터 화면에 정리할 폴더가 많으면 날짜를 함께

적은 '정리'라는 폴더를 하나 만들어 전부 거기에 넣어버린다. 그럼 정리하는 데 1분도 안 걸린다. 그리고 나중에 시간 여유가 있을 때 폴더를 열어 한 번에 정리하는 것이다.

지금까지 정리하기에 관해 살펴보았다. 일에 집중이 잘 안된다면? 주변의 물리적 환경을 한번 돌아보라. 공간을 정리 정돈하고, 청소를 해보라. 컴퓨터 바탕화면도 정리해보기 바란다. 너무 오래 할 필요도 없다. 딱 1분 정도면 좋다.

매일 정리하는 것이 귀찮고 힘든 사람은 너무 스트레스 받을 필요 없다. 그저 당신이 할 수 있는 만큼만 해도 괜찮다. 그럼에도 가능한 한, 당신만의 호텔 공간을 만든다 생각하고 정리해보라.

익스트리머(열정론자)들이라면 주의할 점이 있다. 정리 정돈과 청소를 마치 업무처럼, 너무 열정을 불태우면서 할 필요는 없다는 것이다. 심취하지 말라.

그럼에도 본격적으로 정리 정돈을 해보고 싶다면 얼마쯤 휴가를 내어 본격적으로 '곤도 마리에 정리법'(유튜브에서 검색하면 많은 콘텐츠가 있을 것이다)을 실천해볼 것을 추천한다. 나는 9일 동안 100시간을 쏟아 곤도 마리에 정리법을 그대로 실행해보았다. 정리를 하면서 집에 있는 모든 물건을 전부 다 만지고 확인했다. 내 옷, 아내 옷, 아이들 옷을 정리하니, 기부할 옷들과 버릴 옷들이 50L 봉투로 8~10봉지가 나왔다. 수십 권의 책을 정리했다. '언젠가 볼 거야' 하고 사실상 방치했던 수많은 문서나 자료들도 모조리 버렸다. 수많은 설명서들, 기간이 지난 보증서들도 다 버렸다. 초등학교 때부터 간직해온 추억의 편지들도 전부 정리했다. 그 과정에서 방황하던 시절에 부모님이 써주신 편지를 읽고 방에서 혼자 울기도 했다. 추억의 물건 역시 일부만 남기고 모두 버렸다.

평생에 가까운 시간 동안 보관했던 물건들을 버리고 정리하면서, 행복감, 슬픔, 만족감, 감사 등 수많은 감정들이 되살아났다. 이 과정을 통해, 지금까지 살아왔던 삶 전체를 돌아볼 수 있었다. 그리고 나아가 남은 삶의 우선순위를 좀 더 명확하게 정할 수 있었다.

가벼운 정리는 루틴으로 가져가 보기 바란다. 삶 전체를 돌아보는 정리가 필요할 때는 곤도 마리에식 정리를 해보길 추천한다.

하루 3분 심호흡하는 습관

좀 더 깊은 이완의 단계로 들어가는 방법도 있다. 종교에서는 이를 기도 또는 명상이라고 부르기도 한다. 심리적 장벽을 낮추기 위해, 나는 그냥 '눈 감고 숨쉬기'라고 부른다.

하버드 의과대학의 허버트 벤슨Herbert Benson 교수는《이완반응》이라는 책에서, 눈을 감고 편안하게 숨을 쉬는 동작만으로도 뇌가 '투쟁-도피' 반응에서 벗어나는 이완 효과가 있다고 말했다. 이를 통해, 혈압이 안정되어 각종 불안한 상태를 잠재우는 데 도움을 준다는 것이다. 나는 매일 일정 시간 동안 눈을 감고 호흡을 가다듬으며 그의 말을 따라 보았다. 그러자 정말 그것만으로도 편안한 상태에 도달할 수 있었다.

미국의 폴 R. 쉴리 박사가 개발한 '포토리딩' 독서법의 핵심도 '편안함'에 있다. 흔히 '포토리딩'이라고 불리는 '포토리딩 홀 마인드 시스템'은 5단계로 구성되어 있는데, 여러 단계에 걸쳐 자주 활용되는 '귤 기법'이라는 것이 있다. 이 기법은 네 가지 세부 과정에 맞춰 진행한다. 먼저 눈을 감고 숨을 깊이 들이마시고 내쉰다. 다음으로 내가 현재 달성하고자 하는 목표를 간단하게 언급한다. 그리고 여전히 눈을 감은 상태에서, 머리 정수리에서 후두부 부근으로 직선으로 내려와 약 45도 정도 되는 위치에 귤[π]이 있다고 생각하라. 그리고 그 귤이 15~30cm 정도 공중에 떠 있다고 상상하라. 이 상태에서 편안하게 미소를 머금으며, '나는 안전하다'라고 내면에 신호를 보낸다. 이 과정을 진행하는 데는 단 1분이면 된다. 이 정도의 이완 동작만으로도 순간적으

[π]   귤 대신 다른 어떤 과일이든 상관없다.

로 집중력을 끌어올릴 수 있다.[12]

　　더 깊은 이완을 위한 방법도 있다. 우선 좀 더 깊은 호흡을 하면서 신체를 이완시킨다. 다음으로 정신을 이완시킨다. 떠오르는 생각을 편안하게 놓아주는 것이다. 그리고 자신이 편안하다고 느끼는 상상의 장소(자연 경관)로 들어간다. 이후 원하는 자신의 모습을 상상해볼 수도 있다. 눈을 감고 3분, 5분, 10분, 30분까지 진행하기도 한다.

　　꼭 위의 방식이 아니더라도 어떤 것이든 몸과 마음을 이완시킬 수 있는 방법을 찾아 하루에 한두 번 실행하라. 심신 안정과 집중력 향상에 도움이 될 수 있다. 우선 매일 아침, 그리고 잠들기 전, 또는 업무 몰입이 필요할 때, 눈을 감고 1분~3분 정도 심호흡하는 습관을 들여 보자.

　　나는 마케팅 및 비즈니스 컨설팅을 진행하면서, 몇몇 대표님들의 깊은 고민을 들을 기회가 있었다. 처음에는 그분들이 겪고 있는 문제가 표면적인 것이라고 생각했다. 그러나 이야기를 들으면 들을수록 더 깊은 무의식에 막혀 있는 것들이 있다는 사실을 깨달았다. 그들에게 위와 같은 방식으로 긴장과 경직을 푸는 방법에 관해 알려주었고, 도움을 받았다는 분들이 조금씩

---

[12]　직접 포토리딩 세미나를 진행하면서, '귤 기법'만으로도 독서 속도가 1.5~2배 빨라지는 것을 여러 차례 목격했다.

생기기 시작했다. 당신 역시 '무언가를 더 하지 않으면 안 될 것 같은 압박과 긴장감' 속에 살아가고 있다면, 하루에 단 1분이라도 눈을 감고 편안하게 숨을 쉬면서 몸과 생각을 이완해보길 추천한다.

3장 요약

1. 좌뇌와 우뇌에 관한 지식을 실전에서 활용해보라.

2. 어떤 작업을 할 때 다른 작업으로 전환하기까지의 적당한 시간은 약 27분이다. 멀티태스킹은 없다. 스위치태스킹이 있을 뿐이다.

3. 먼저 한 가지 일을 하이퍼포커스 모드로 집중해 처리하고 다음 일을 시작하는 것이 효율이 높다.

4. 업무 효과를 높이기 위해서는 뇌를 이완시킬 수 있는 활동이 필요하다. 간단하게 산책하기, 눈 감고 숨쉬기부터 시작해보자.

5. 주변을 잘 정돈하고 정리하는 것은 기분을 좋게 할 뿐만 아니라, 업무 효율도 높인다. 말끔하게 정돈되어 청결을 유지하는 호텔이 주는 기분을 떠올려라. '호텔 효과'를 기억하며, 자신의 잠자리와 업무 공간을 정돈하라. 단, 스트레스 없이.

CHAPTER 4

하이퍼포먼스를 위한
실전 기술

먼저 주요 업무를 선별하라
'파레토의 법칙'

'20%의 주요한 일에만 집중하라!'

'파레토의 법칙'은 이탈리아 경제학자 빌프레도 파레토^{Vil-} fredo Pareto가 1896년에 발표한 한 연구 내용에서 유래했다. 파레토는 잘 여문 일부 콩깍지가 전체 콩알 산출의 대부분을 담당한다는 것을 발견했다. 그리고 이 현상을 거시경제학에 접목시켜 이탈리아에서 20%의 인구가 80%의 땅을 소유하는 현상에 대해 논문으로 발표했다. 이렇게 '20:80 파레토의 법칙'이 탄생했다. 베스트셀러 작가이자 사상가인 나심 니콜라스 탈레브^{Nassim} Nicholas Taleb는 그의 책《안티프래질》에서 이 비율을 좀 더 심화해서 설명하고 있다. 이 세상의 중요 정보는 20:80의 비율이 아니라 1:99[13] 정도라고 말한다. 즉, 이 세상에 흘러넘치는 정보 중에서 실제로 중요한 데이터는 1%(책에서는 0.5%)가 채 되지 않는다는 것이다.

파레토의 법칙은 추상적인 이론이 아니다. 직장인의 업무를 예로 들어 보자. 나의 경우 과거 매일 평균 100건 이상의 업무 관련 이메일을 받았다. 첫 직장에서는 하루에 200건 이상의 메일을 받는 게 일상이었다. (이 숫자에는 연속적으로 회신을 주고받는 이메일 스레드(RE:)도 포함된다.) 그런데 이 모든 메일이 '중요한 업무'[14] 내용을 담고 있을까? 나의 경험에 따르면 이중 10~20%만이 중요한 업무에 해당되는 일이었다. 결국 내가 출근해서 해야 할 수많은 일들 중 한두 가지만이 가장 먼저 초집중해서 처리해야 할 중요한 업무라는 뜻이다.

다시 말하지만 나에게 주어진 업무 중에서 10~20%에 해당하는 주요 업무를 구분하라. 그리고 일단 선별한 이 업무들을

---

[13] 책에서 니콜라스 탈레브는 신호 대 잡음의 비율은 0.5% 대 99.5%라고 말한다. 이 책에서는 기억하기 쉽도록 1:99로 기재했다.

[14] '중요한 업무'란, 연말 인사 평가 반영 시에 기록될 만한 것인지 아닌지를 기준으로 삼으면 좋다. 그리고 그 정도로 중요한 업무라면 이미 연초에 성과 관련 목표를 삼을 때 정해둔 내용일 가능성이 크다. 물론 갑자기 치고 들어오는 프로젝트가 중요한 업무일 수도 있다. 이런 경우에는 대표(사장)님이나 고위급 임원이 직접 진두지휘하는 경우가 다반사다. 컨펌 라인의 경중을 파악하는 등 주요 업무의 기준을 잘 세워서 우선순위를 정하는 데 참고하면 된다.

초집중해서 완벽하게 처리하라. 앞서 다뤘던 사분면 시스템, 타임타이머, 하이퍼포커스 모드 등의 전략과 도구를 사용하라. 여기에 집중력과 모든 에너지를 쏟아부어야 한다. 골대 앞에서 1:1 슛팅 기회를 얻게 된 축구 선수와 같이 몰입하라. 곧 클라이맥스를 앞둔 뮤지컬 배우와 같이 집중하라. 이 10~20%의 업무가 당신의 역량을 평가한다.

그렇다면 나머지 80~90%에 해당하는 업무는 어떻게 해야 할까? 이것들은 3장의 '몰입을 위한 하이퍼포커스'에서 언급한 '그룹화하라' 편을 참고하자. 이메일, 전화, 미팅, 메신저 등의 업무는 한꺼번에 몰아서 처리하고, 중요도가 낮은 이메일은 핵심 내용만 빠르게 읽어낸다.

과거 익스트리머였던 나는 지금의 모습과는 정반대였다. 업무에 있어 우선순위를 세우지 못하고, 수백 통의 이메일 또한 모두 다 정독하며 암기하다시피 읽었다. 입사자의 아이들 이름부터, 강아지 이름, 취미까지, 메일에 담긴 모든 단어와 정보를 머리에 새기듯이 입력하며 읽었다. 이런 강박으로 인해, 거의 하루 종일 이메일만 읽었다고 해도 과언이 아닐 정도였다. 그렇게 시간을 들였음에도 정작 그 사람을 만나 대화를 나누는 순간에는 그런 세부 내용들이 기억나지 않았다.

어쩌면 당신 역시 회사에서 접하는 중요하지 않은 80~99%의 업무나 정보에 매달리고 있을지도 모른다. 당신에게 날아든 업무가 누군가에겐 중요한 일일지 모르지만, 당신에게도 역시 중요한 일인지 먼저 따져 보라. 그저 그들의 성과를 위해 '레버리지' 당하는 일이라면 후순위로 미루고 효율적으로 처리하라. 파레토의 법칙을 기억하고, 당신의 중요한 업무에만 초집중하라.

　　다시 말하지만 당신이 하루에 초집중해야 할 업무는 한두 개로 한정하라. 그리고 이 일은 오전 타임에 마무리하는 것이 가장 좋다. 그러면 남은 하루를 굉장히 여유롭고 효율적으로 보낼 수 있다. 업무를 보는 시야를 넓히고, 완벽주의를 살짝 내려놓자. 그 순간 '그룹화하기' 전략으로 수많은 작은 일들을 하나로 묶어서 금세 처리할 수 있게 될 것이다. 그리고 당신이 칼퇴하며 하루에 소화하는 업무의 양은, 그동안 야근을 해가며 겨우 끝내던 것과 동일할 것이다. 심지어 목표 이상의 성과를 만들어내는 자신을 만나게 될 것이다.

마감일보다 더 빨리 끝내라
'파킨슨의 법칙'

'마감일은 타이트하게! 더 일찍 끝내라!'

파킨슨의 법칙은 영국의 경영학자 시릴 파킨슨Cyril Parkin-son이 주장한 것으로, 공무원의 수는 일의 양과 관계없이 증가한다는 내용이다. 현대적 관점으로 다시 해석하면, 일은 주어진 시간을 모두 소진할 때까지 확장된다는 의미다. 《나는 4시간만 일한다》에서 팀 페리스는 이 법칙에서 착안해, 업무에 주어진 시간이 길어졌을 때 그 업무의 중요성과 복잡성을 더 크게 느낀다는 것을 깨달았다. 대부분의 사람들이 마감 시한이 임박했을 때 불가사의한 힘을 발휘하게 되는 것도 이 법칙을 바탕으로 한다. 팀 페리스가 정리한 이러한 내용을 접하자마자, 나는 업무에 있어 주어진 데드라인보다 마음속 데드라인을 더 타이트하게 잡는 방식을 적용하기 시작했다.

만약, 당신에게 10쪽짜리 PPT 기획 업무가 주어졌다고 가정해보자. 팀장님(클라이언트)은 10일이라는 넉넉한 시간을 주었다. 이 경우, 당신은 마감일에 맞춰 업무 계획을 세울 것이다. 그런데 만약 10일이 아니라 하루가 주어졌다면 어떨까? 시간이 너무 부족하다며 당황할지도 모른다. 그런데 놀라운 사실은, 10일 동안 진행한 결과물과 하루 동안 초집중해서 완성한 결과물이 큰 차이를 보이지 않을 수 있다는 것이다. 물론 주어진 시간이 많다면 아이디어나 완성도 면에서 더 뛰어난 결과물이 나올 수 있다. 하지만 100점을 기준으로 평가할 때, 내 경험상 단지 10점 내외의 차이만 보였던 적이 더 많았다.

나이키 재직 시절, 나만의 데드라인을 만들어 일을 앞당겨 마감하는 이러한 업무 방식으로 좋은 평가를 받았던 경험이 있다. 나에게 5일의 시간이 주어진 업무 과제가 있을 때, 만약 그 일이 파레토의 법칙에 따라 나의 인사고과에 영향을 줄 20%에 해당하는 주요 업무라고 판단했다면, 하루 만에 초집중해서 끝내버렸다. 다음 날은 그 자료를 다시 검토하며 보강했다. 그리고 3일이나 4일째 되는 날 먼저 제출했다. 물론 중간중간 피드백도 주고받으면서 말이다.

　　일의 결과를 좌우하는 것은 투여되는 시간의 양이 전부가 아니다. 당신은 당신이 잡은 데드라인에 맞춰 일을 끝낼 수 있다는 사실을 깨달아야 한다. 스스로 할 수 있다고 생각하는 것보다 더 타이트하게 데드라인을 잡아라. 그러면 초집중과 하이 아웃풋이 함께 나오는 것을 경험할 수 있을 것이다.

　　여기서 한 가지 주의할 점이 있다. 파킨슨의 법칙은 스스로에게만 적용하라. 당신의 머릿속 마감일을 상사나 클라이언트에게 말하지 마라. 그리고 당신의 데드라인에 맞춰 끝낸 결과물을 그들이 제시한 마감일보다 최소 반나절에서 하루 일찍 전달하라. 그러면 그들(클라이언트)은 당신에게 고마워할 것이다.

하기 싫을 땐 시작만 하라
'자이가르닉 효과'

'하기 싫을 땐? 그냥 일단 시작만이라도 하라!'

1920년대 러시아의 심리학자 블루마 자이가르닉^{Bluma}
Zeigarnik에 따르면, 우리는 심리적으로 불완전한 상황을 좋아하지
않는다. 자이가르닉은 식당에서 종업원들을 지켜보다가 한 가지
특징을 발견했다. 종업원들이 아직 계산이 끝나지 않은 주문 내
용은 정확하게 기억하지만, 계산이 끝난 후에는 기억하지 못하
더라는 것이다. 그는 이 현상에서 착안해 새로운 실험을 진행했
다. 피실험자들에게 간단한 문제를 풀도록 한 후, 이들 중 몇몇
이 문제를 끝내기 전에 일부러 방해했다. 결과는 어땠을까? 중
간에 방해를 받은 사람들이 문제를 훨씬 더 잘 기억하고 있었다.
참고로, 이 문제를 푼다고 해서 어떠한 보상이 주어지는 건 아니
었다. 그런데 방해를 받은 사람들은 정해진 시간이 끝나고 나서
도 시험을 끝까지 마치려고 했다고 한다.[15]

중국 작가 장원청이 쓴 《심리학을 만나 행복해졌다》에
도 비슷한 내용이 나온다. 그는 우리가 일단 무언가를 시작하면,

---

15   참고 도서: 딘 버넷, 《뇌 이야기》, 미래의창

'자이가르닉 효과'로 인해 일을 완성하기 전에는 그만두고 싶어도 그만둘 수 없게 된다고 말한다. 반대로, 일을 시작하는 타이밍을 미루면? 영원히 그 일을 완수할 수 없게 될지 모른다.

자이가르닉 효과는 일상에서도 발견할 수 있다. TV, 애니메이션, 드라마, 소설 등의 작품에서도 아주 요긴하게 쓰인다. 매회 궁금증이 폭발하는 순간, 절묘하게 끝나는 편집으로 인해 다음 화를 볼 수밖에 없도록 만드는 것이다.

이 효과를 업무에 적용하면 어떻게 될까? 가끔 진짜 일하기 싫을 때가 있다. 이럴 때는 그저 '시작'만 하라. 작성해야 하는 문서가 있다면 우선 파일을 열고 한 줄만 적어라. 혹은 PPT 표를 열어 한 페이지만 작업하라. 브레인스토밍을 위한 키워드 하나만 적어라. '스몰 스텝' 전략에 따라 아주 사소한 일을 부담 없이 실행하라. 이렇게 하면, 자이가르닉 효과가 발생한다. 일단 시작하면 생각보다 어렵지 않게 다음 단계의 일을 하게 될 것이다. 부담스럽거나 짜증스러운 업무를 대할 때 이 방법을 기억하라. 단지 시작만 하는 것이다.

그냥 하지 말고 계획적으로 하라
'업스트림^{Upstream} 전략'

"이걸 꼭 내가? 지금? 이 방식으로?"

중국에는 화타와 더불어 명의로 꼽히는 편작이라는 인물이 있다. 편작은 괵^虢나라 태자를 중병에서 살린 일화로 유명하다.《사기》에 기록된 바에 따르면, 어느 날 문왕이 명의인 편작의 명성을 듣고 그를 찾았다. 아래는 문왕과 편작의 대화 중 일부를 각색한 내용이다.

문왕 너와 너의 형제들은 모두 의술에 정통하다고 들었다. 너희 중 누가 의술이 가장 뛰어난가?

편작 대왕이시여, 저의 큰 형님이 가장 뛰어나고, 그 다음이 둘째 형님이옵니다. 저는 그들에 비하면 능력이 떨어집니다.

문왕 그럼에도 불구하고 네가 더 유명한 이유는 무엇인가?

편작 대왕이시여, 큰 형님은 병이 발병하기 전에 이미 예방하기 때문에, 사람들은 자신이 병에 걸린 줄도 모릅니다. 둘째 형님은 병이 드러나기 시작할 때 근본까지 치료하여, 환자들이 큰 고통을 겪지 않고 완치됩니다. 반

면 저는 환자의 병세가 심각해지고 고통을 호소할 때
에야 법석을 떨며 치료했기 때문에 더 유명해졌습니다.

또 다른 예를 들어 보겠다. 범인을 많이 잡은 경찰이 있다
고 가정해보자. 그는 수많은 검거 실적을 쌓으며 명성도 함께 쌓
았다. 경찰서와 검찰청에서 그를 주목하기 시작한다. 그 와중에
그는 정말로 큰 사건을 해결한다. 기자들과 전 국민이 관심을 갖
고 있던 중요한 사건이었기에 그는 TV에서 영웅으로 비춰진다.
과거에 쌓았던 실적은 그의 업적을 더욱 빛나게 한다. 언론에서
는 그를 이 사회의 영웅으로 인터뷰하고 소개한다.

편작 형제의 이야기에 비추어보면 어떨까? 이 경찰은 대
단한 사람이다. 하지만 더 대단한 둘째, 첫째 형과 같은 이들도
분명 존재한다. 둘째 형님에 해당하는 사람은 누구일까? 미래에
범죄를 저지를 가능성이 있는 아이들을 교화시키는 부모나 선생
님들이 아닐까? 그렇다면, 첫째 형님에 해당하는 사람들은 누구
일까? 범죄가 일어나기 전에 예방하는 사람들이다.

하버드대 경영대학원 출신으로 마이크로소프트, 닛산 등
세계적인 기업의 컨설팅을 담당했던 댄 히스^{Dan Heath}는, 그의 책
《업스트림》에서 사전에 문제를 미리 예방하거나 완화하는 조치
를 취하는 것을 의미하는 '업스트림(영어 단어인 upstream은, 상류
라는 뜻이다)' 개념을 제시한다. 그렇다면 이러한 업스트림 전략

항목	질문	No일 경우 행동
What	"**이걸** 꼭 해야 하는가? 왜 그런가? 정말인가?"	하지 않는다.
Who	"이걸 꼭 **내가(우리 팀이)** 해야 하는가? 왜 그런가? 정말인가?"	다른 팀이나 담당자에게 요청한다.
When	"이걸 **지금** 해야 하는가? 왜 그런가? 정말인가?"	일정을 조율한다. 그리고 다른 우선순위의 일을 먼저 한다.
How	"이걸 꼭 **그 방식으로** 해야 하는가? 왜 그런가? 정말인가?"	방법을 바꾸거나 더 나은 방식을 제안한다. 또는, 하지 않았던 방식을 도입하거나 완전히 다른 방법을 생각해본다.

은 실제 업무에서 어떻게 적용할 수 있을까? 나는 아주 간단한 질문 한 가지를 스스로에게 던졌다. 그리고 일이 터지기 전에 생각하고 움직이려고 했다. 그 질문은 위의 표와 같다.

만약 질문에 대한 대답이 '아니오'일 경우, 나는 표의 우측과 같이 행동했다. 여기에서 'No'를 하는 모든 행동이 내게는 업스트림 전략이었다. 이러한 질문의 과정을 거치지 않을 경우 꼭 필요한 일이 아닌데 나도 모르게 'Yes'를 해버려서 산더미처럼 쌓인 일 때문에 야근을 해야 하는 날도 있었다. 이때 우리 팀의 일이 아닌 업무를 거절하지 못하게 되면, 나뿐만 아니라 팀 전체가 힘들어진다. 성과를 인정받지도 못한다. 만약 팀장이 이러한 의사 결정을 하게 된다면 팀원들은 번아웃에 걸릴 것이다.

모든 일을 받자마자 계획 없이 '지금 당장' 처리하면 어떻게 될까? 멈출 줄 모르는 정신없는 열차가 출발한다. 업무 지시로 내려온 방법 그대로만 처리한다면? 생산성과는 거리가 먼 인생을 살게 된다. 특히 우리 팀의 일을 모르는 옆 팀에서 업무 협조 요청이 들어올 경우에는, 비효율적인 세부 요청 사항이 딸려올 수 있다. 그러니 협조를 수락하기 전에 먼저 업무 내용을 검토하고 세부 내용을 명확하게 조율할 수 있어야 한다. 그렇지 않으면 추후 일은 일대로 다 도와주고, 쓸데없는 감정싸움에 휘말릴 수도 있다.

나의 경우에는 앞선 질문의 항목에 모두 'Yes'인 경우에만 일을 진행했다. 이 질문을 통과한 것들은 대부분 파레토의 법칙에서 1~20%에 해당하는 중요한 것들이다. '이걸 꼭 내가? 지금? 이 방식으로?'라는 단순한 질문은, 내게는 최고 품질의 정수기 필터와 같다. 덕분에 불순물을 최소화해 스트레스 없이 업무를 진행할 수 있었다. 그리고 어쩔 수 없이 해야 하는 일은 다음 파트에서 설명할 레버리지 전략을 적용했다.

업스트림 전략은 당신이 성장하고, 승진하고, 잘 될수록 계속해서 중요해질 것이다. 꼭 기억하고 적용해보자.

일을 분담하라
'레버리지 전략'

"당신이 잘할 수 있는 일을 하고,
잘하지 못하는 일은 다른 사람에게 위임하라."

영국의 30대 젊은 백만장자인 롭 무어Rob Moore는 《레버리지》에서 부를 쌓는 주요한 원리로서 '레버리지(영어 단어 leverage는. 지렛대라는 뜻이다)'라는 개념을 설명한다. 내가 해석한 핵심 내용은 다음과 같다.

"레버리지는 내가 잘할 수 있는 일은 수행하고,
그렇지 못한 일은 다른 사람에게 위임하는 기술이다.

내가 힘들어하거나 못하는 일을
누군가는 좋아하거나 잘할 수 있기 때문이다."

나는 이와 같은 원리를 내 업무에 받아들였고, 결과적으로 효과를 거두었다. 레버리지 전략을 쓰기 전의 나는 뭐든지 끙끙대며 혼자 다 하려고 하는 명백한 익스트리머였다. 완벽주의적 성향이 강한 탓도 있었다. 레버리지의 원리를 깨닫기 전에도, '권한 위임'에 관해 '알고'는 있었지만 실행에 옮기기에는 심리적 저항감이 뒤따랐다. '내 일'을 나보다 잘할 사람은 없을 거라는 생각 때문이었다. 함께 일하는 부사수 또는 파트너, 에이전시에게 전적으로 일을 맡기지 못했다. 그 결과, 나는 항상 야근을 했다. 깊은 한숨을 뱉으며 모든 일을 스스로 마무리하려고 했다. '부사수는 도대체 왜 존재하는 걸까? 일만 많아지는 것 같네…' 라고 생각하기도 했다. 일은 항상 산더미처럼 많다고 느꼈다. 조력자들의 도움을 받을 줄 몰라서 분신술을 써서 나를 늘리고 싶다고 생각했다. 내 업무만으로 과부하가 걸린 와중에도 다른 업무가 주어졌을 때 부사수나 동료에게 일을 분담하지 못했다. 일을 맡기더라도 세부적인 보고를 다 받으며, 일을 맡긴 것도 아니고 내가 하는 것도 아닌 이상한 상태를 유지했다. 피드백은 피드백대로 시간이 많이 소요됐고, 업무 효율성은 떨어졌다. 상사를 포함한 모두가 내게 말했다. 일할 때 힘을 좀 빼야 한다고. 하지만 내 무의식의 뿌리는 굳건했다. 나는 '완전한' 권한 위임을 할 수가 없었다.

레버리지의 원리를 알게 된 후, 내가 꼭 하지 않아도 되는 일들에 대해 잠시 생각해보았다. '나는 지금 이 일에서 손을 떼야 하는 상황이야. 그래서일까? 이 일에 관해 예전만큼 열정이 있지도 않아. 좀 힘드네. 게다가 집중을 못하고 있어. 좋은 결과물도 거의 없는 것 같아' 나는 팀원을 불러 그 업무를 전적으로 맡아서 해볼 의향이 있는지 물었다. 팀원은 흔쾌히 그 일을 받아들였다. 이후 나는 중요한 마지막 컨펌 단계를 제외한 모든 과정의 진행을 그 팀원에게 일임했다. 지적하고 싶은 부분이 있어도 그냥 지나쳤다. 내가 집중해야 할 건 다른 데 있었기 때문이다. 시간이 지나자 팀원의 업무 진행은 점점 능숙해졌다. 그리고 6개월 정도가 지나자 내가 생각지도 못했던 것들을 제안하고 적용하기 시작했다. 나는 그저 칭찬하며 의욕을 북돋워주기만 하면 됐다. 팀원은 내가 가르쳐 준 것들을 뛰어넘기 시작했다.

팀원이 일을 잘할수록 내가 일하는 시간은 줄어들었다. 그리고 그 모든 일들이 감사하게도 우리 팀의 성과로 돌아왔다. 그렇게 나는 태어나서 처음으로 '레버리지'의 효과를 제대로 경험할 수 있었다.

에이전시와 함께했던 업무 역시 마찬가지였다. '레버리지 전략'을 알기 전까지 나는 결과물에 만족하지 못하는 경우가 많았다. 과거의 나는 날이 선 피드백만 잔뜩 줄 뿐, 시스템을 개선할 고차원적인 생각은 미처 하지 못했던 것이다.

그러나 레버리지 개념을 깨닫고 생각의 폭이 달라졌다. 감정 소모가 큰 피드백보다는, 시스템과 프로세스 개선에 집중했다. 반복해서 실수가 발생하는 지점이 있으면 개선했다. 또한 내가 해결하기 어렵거나 미심쩍은 부분은 명확한 가이드를 정리해서 전달했다. 프로세스도 개선했다. 결과가 마음에 들지 않아도 정확도에 문제가 없으면, 힘을 뺐다.

예를 들어 데이터 정리를 요청했을 때, 서식이나 디자인이 마음에 들지 않아도 데이터가 정확하면 문제 삼지 않았다. 그러자 전체적인 업무 시간이 줄어들고, 반복되던 내용의 피드백도 점점 사라졌다. 전체적인 결과도 좋아졌다. 에이전시로부터의 불만도 줄었다.

이제 나는 거의 매일같이 레버리지를 생각하고 있다. 내가 당신을 붙잡고 이 책의 모든 내용을 전달한다고 생각해보자. 말로 한다면 어떨까? 아마도 몇 주 간 매일 8시간씩 붙잡고 이야기해야 할 것이다. 단 한 명에게 말이다. 당신도 나도 서로 힘들 것이다. 그런데 책이라는 수단을 통해서는 수백, 수천 명에게 동시다발적으로 전달할 수 있다. 책을 레버리지하는 것이다. 식당에서 음식을 먹는 것도 레버리지의 또 다른 예다. 우리는 한 끼 식사를 해결하기 위해 많은 시간과 에너지를 써야 한다.

1. 음식 재료를 구매한다.
2. 식재료를 다듬는다.
3. 요리한다.
4. 그릇을 세팅한다.
5. 상을 차린다.
6. 설거지를 한다.
7. 식기를 건조시킨다.

8. 건조된 식기를 제자리에 둔다.

이 모든 과정을 진행하는 데 보통 1시간~1시간 30분이 걸린다. 식당에서 한 끼 식사 값을 지불하면? 나는 가서 음식을 고르고 먹기만 하면 된다. 식당을 레버리지한 것이다. 택시를 타는 것도 레버리지의 한 방법이다. 택시를 타면, 나는 운전을 할 필요가 없다. 그동안 유튜브를 보든, 강의를 보든, 전화를 하든 다른 일들을 처리할 수 있다. 이동 거리가 왕복 1시간일 경우, 1시간의 시간을 버는 행위가 된다. 택시를 레버리지한 것이다.

퇴사를 하고 사업가가 된 나는 현재 AI 툴을 공부하고 있다. 이 역시도 레버리지를 하기 위함이다. 실제로 나는 최근에 AI 툴을 사용해 리서치 업무를 혼자 할 때보다 12배 더 빠르게 처리할 수 있었다. 이처럼 레버리지 전략은 직장 생활뿐만 아니라 업무와 인생 전반에 걸쳐 활용할 수 있다. 당신은 지금, 어디에서, 무엇을, 어떻게 레버리지할 것인가?

도구를 사용해 아이디어를 뽑아내라
'마인드맵'

마인드맵은 토니 부잔Tony Buzan이 개발한 방사형 사고 정리 도구다. 마인드맵을 통해 복잡한 생각을 정리할 수 있다. 그가 쓴 책《토니 부잔의 마인드맵 북》에 따르면, 마인드맵의 방사형 구조는 뇌의 뉴런 모양과 같아서, 뇌가 정보를 받아들이기에도 친숙한 구조라고 한다. 여기서는 내가 실제로 활용한 예를 중심으로 마인드맵의 사용법에 대해 다뤄보려고 한다.

먼저 마인드맵이 무엇인지 알아보자. 마인드맵은 토니 부잔이 개발한 기록 방식으로, 일반적인 노트 필기 방식과 달리 방사형으로 그리면서 생각을 정리할 수 있는 도구다. 논리적인 좌뇌와 창의적인 우뇌를 모두 사용하는 '전뇌 사고Whole-Brain Thinking' 방식의 정리 기법이다. 정리하고자 하는 주제를 가운데에 두고, 방사형으로 가지를 뻗어가면서 핵심 키워드와 이미지, 색상을 중심으로 내용을 정리한다.

참고로, 브레인스토밍을 위한 단순 방사형 단어 나열 방식은 마인드맵이 아니다. 이것은 대표적으로 마인드맵으로 잘못 불리고 있는 형태 중 하나이며, 정확히는 '스파이더 다이어그램'이라 부른다. 여기에는 컬러나 색상이 없다. 선이나 글씨 굵기의 차이도 없다. 이미지도 없다. 마인드맵에 대해 잘 알지 못하던 수십 년간, 나는 이 스파이더 다이어그램을 마인드맵으로 착각했다. 스파이더 다이어그램을 마인드맵으로 착각한 상태에서 마인드맵의 장점을 이해할 수는 없었다. 마인드맵과 스파이더 다이어그램을 혼동하지 않도록 주의하자.

마인드맵을 작성할 때 알아야 할 몇 가지 중요한 내용이 있다. 우선, 주제를 마인드맵 정 가운데에 적는다. 종이나 아이패드는 가로형으로 두고 작성한다. 각 '가지'의 색상은 다르게 하며, 내용은 시계 방향으로 채운다. 상위 개념에서 하위 개념으로 들어갈수록 가지를 점점 얇고 작게 그린다. 키워드는 최대한 한 개로 맞추며(나는 3개 정도까지는 허용), 문장으로 장황하게 작성하는 것은 지양한다. 약간은 장난스럽게 그림, 기호, 심볼 등을 그리면서 진행하면 더 좋다. 이 모든 건 우뇌를 마사지하면서 뇌를 활성화시키기 위한 하나의 방법이다.

좀 더 쉽게 이해할 수 있도록 종이와 펜, 아이패드로 작업한 마인드맵 몇 가지를 소개한다. 편안하게 창의성을 자극하면서 부담 없이 진행하기 위해, 컴퓨터 프로그램보다는 최대한 아날로그적인 방식으로 진행했다. 몇 가지 실제 예시를 더 보면서 방법에 관해 좀 더 설명하겠다.

다음 페이지의 마인드맵은 내가 진행하는 독서 모임인 폴리매스북클럽에서 칩 히스, 댄 히스 형제가 쓴 《스틱》을 읽으면서 그린 것이다. 책 내용 중에서 내가 설명할 부분을 키워드 중심으로 옮겼다. 이 예시는 책에 관한 것이지만, 강의, 미팅 노트 역시 동일한 방법으로 작성하면 된다.

마인드맵을 통해 하나의 문제에 얽힌 고민과 생각, 아이디어 등을 한 페이지에 정리하다 보면, 전체적인 상황, 문제 해

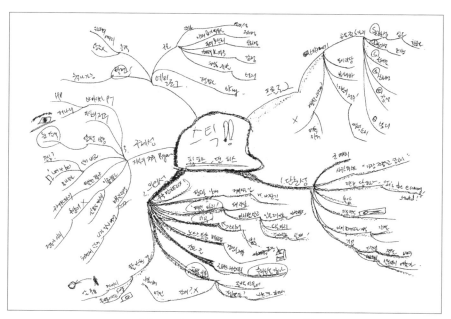

사례 1 - 독서 후 내용 공유를 위한 정리 과정[16]

결 아이디어와 전략, 기대 효과가 보인다. 전체적인 그림을 부감

하면서 아이디어를 펼치면 입체적인 사고가 가능해진다. 모든 문

제와 상황을 한눈에 볼 수 있게 된다. 세부 내용에 집착하거나 중

간에 생각이 막혀 진도를 나가지 못하는 상황에서 큰 도움을 줄

것이다. 마인드맵은 당신의 생각의 지도^{Map}가 된다. 또한 이렇게

16   이 책에서는 제작 여건상 흑백 처리되었으나, 마인드맵의 가지는 각각 다른 색으로
      그리는 것이 좋다. 온라인 포털에서 '마인드맵'을 검색하여 다양한 컬러와 형태의
      마인드맵을 참고할 것을 추천한다.

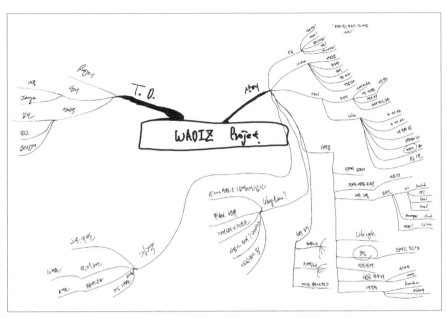

사례 2 - 와디즈 상세페이지 초기 기획 아이디어 도출 과정

전체를 보면서 키 메시지 도출과 같은 작업을 진행할 수 있다.

사례 2의 마인드맵 이미지는 와디즈에서 전자책을 론칭하던 당시의 상세페이지 구성에 관한 아이디어 도출 과정을 그린 것이다. 와디즈는 다른 채널보다 상세페이지에 내용이 많고 세부적이어서 평소 작업하던 것보다 더 신경을 써야 했다. 그래서 마인드맵을 그리며 상세페이지에 필요한 요소를 모두 끄집어냈다. 이럴 때 마인드맵은 전체적인 내용을 한눈에 볼 수 있어서 어떻게 구조를 짜야 할지 감을 잡는 데 큰 도움이 된다.

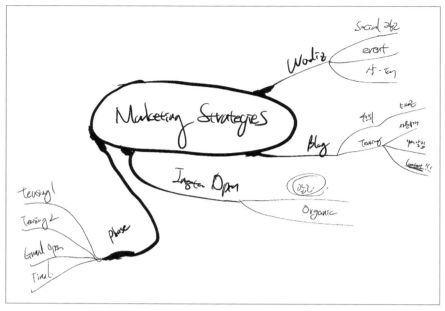

사례 3 - 와디즈 프로젝트 마케팅 전략 기획 아이디어 도출 과정

    동시에 상세페이지를 위해 무엇을 해야 할지 투두(To-do) 리스트를 생각했다. 이것을 그리는 데 대략 한 시간 정도가 소요됐다. 만약 일반적인 불릿 포인트 방식으로 아이디어를 도출하려고 했다면 최소 5배 이상의 시간이 더 필요했을 것이다.

    상세페이지에 관한 생각을 정리한 후에는 마케팅 전략에 대해 고민했다. 와디즈와 내 개인 채널을 어떻게 섞어서 전략적으로 활용할지 함께 생각했다. 단계Phase에도 고민이 필요해 생각나는 대로 정리했다. 이 작업을 마친 후에는 실제 실행에 옮길

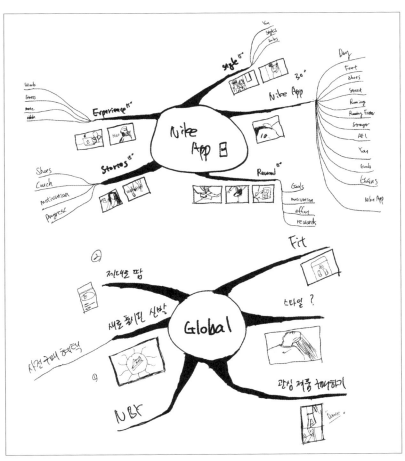

사례 4 - 나이키 영상 광고의 소재 창출을 위한 아이디어 도출 과정

타임라인을 제작했다.

　　나이키 재직 당시, 나이키 앱 론칭 마케팅 캠페인에 참여
한 적이 있다. 글로벌 캠페인과 국내 캠페인의 기획이 다르고 광

고의 소재도 다른, 복잡한 업무 상황에서 계속해서 중요한 의사 결정을 내려야 했다. 그때도 나는 마인드맵을 통해 업무를 정리하고 방향성을 잡음으로써 시간과 에너지를 절약할 수 있었다.

우선 나는 광고와 관련된 모든 콘텐츠를 하나씩 검토한 후 마인드맵에 그린 것처럼 항목을 분리했다. 그리고 내 기억에 남도록 주요 장면은 그림으로 하나씩 스케치를 했다. 이 작업을 하는 데 한 시간 정도 걸렸다. 그리고 마침내 어떤 아이디어를 버리고 어떤 아이디어를 가져갈지 효과적으로 정리할 수 있었다. 1~2주 동안 씨름하던 일을 단 한 시간의 작업으로 해결할 수 있었던 것이다.

여기서 사례로 든 마인드맵은 아마 나 외의 다른 사람이 보면 무슨 내용인지 전혀 이해가 되지 않을 것이다. 그러나 나는 이 마인드맵을 그린 지 1년이 지난 지금도 이것이 무슨 내용을 담고 있는지, 어떤 콘텐츠에 관한 것이었는지 기억한다. 마인드맵은 효율적으로 아이디어를 정리하고 결과를 낼 수 있는 도구이기도 하지만, 머릿속을 정리해 더 오래 기억하도록 하는 효과도 있다.

추가로 회사의 상사 또는 부하 직원과 라포Rapport가 있고 끈끈한 팀워크가 결성된 경우라면, 마인드맵을 작성하는 방식으로 아이디어 회의를 하는 것도 가능하다. 파워포인트로 장표를 만드는 데 쏟는 시간을 대폭 줄일 수 있어 효과적이다. 그러나 성향에 따라 이 같은 자료 공유 방식을 성의 없게 느끼는 사람이

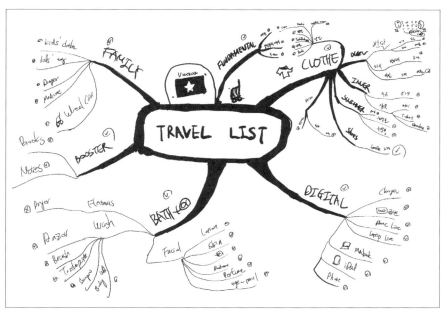

사례 5 - 여행 준비 체크리스트

있을 수도 있다. 그러니 개인적인 사용 외에 조직 차원의 업무 진행을 위한 것이라면 참여자나 팀의 상황에 따르는 것이 좋다.

　　마인드맵은 일상 속에서도 유용하게 활용할 수 있다. 예전에 나는 엑셀을 이용해 여행 준비 체크리스트를 정리했었다. 시간이 꽤 오래 걸리고, 빠진 내용을 넣고 뺄 때 스트레스를 받았다. 올해 가족과 여행을 갈 때는 마인드맵을 활용해보았다. 마인드맵으로 정리하니 준비할 것들의 목록을 한눈에 확인할 수 있어서 빠짐없이 잘 정리할 수 있었다. 이제 여행갈 때는 위의 마인드맵을 기조로 활용하고 있다.

지금까지 여러 사례를 통해 마인드맵의 사용법과 작성 방법을 살펴보았다. 마인드맵은 업무를 포함해 당신의 일상 거의 모든 영역에서 활용할 수 있다. 사업계획서, 회사의 캠페인 기획과 같은 업무적인 부분에서 빠른 시간 안에 효과적으로 내용을 정리할 수 있도록 도와준다. 또한, 개인 일상, 엉켜 있는 인간관계, 책이나 강의 내용 요약, 아이디어 창출 등 다양한 삶의 영역에서 활용할 수 있다. 나는 마인드맵을 익힌 덕분에, 일과 삶에서 체감상 3~5배 더 빠른 속도로 의사 결정을 하고 업무를 처리하고 있다.

마인드맵에 관해 좀 더 자세히 알고 싶다면 창작자인 토니 부잔의 저서《토니 부잔의 마인드맵 북》을 꼭 한번 읽어보길 추천한다.

논리적인 관점을 가져라

'MECE Mutually Exclusive, Collectively Exhaustive'

'중복되지 않으면서 누락도 없는
전략적 사고 틀'

다음으로는 업무와 일상에서 곧바로 쉽게 적용하면서도 큰 효과를 낼 수 있는 전략적 사고 틀인 'MECE'를 소개한다. MECE는 Mutually Exclusive, Collectively Exhaustive의 약자로, '상호 배타적이면서 전체적으로 포괄적인'이라는 뜻이다. 맥킨지 출신인 데루야 하나코와 오카다 게이코가 쓴 책《로지컬 씽킹》에서는 '어떤 사항이나 개념을 중복되지 않으면서도 전체적으로 누락 없는 부분집합으로 인식하는 것'을 의미한다고 정의했다. 쉽게 말해, '유의미한 범주에 따라 빠짐없이 잘 정리된 분류'라고 보면 된다.

가장 먼저, MECE를 일상에서 적용하는 부분부터 살펴보겠다. 일상에서 이 사고 틀을 활용해 분류하는 훈련에 익숙해지면, 3장의 하이퍼포커스 부분에서 설명했던 '묶어서 처리하기'를 좀 더 수월하게 할 수 있을 것이다.

아래에 오늘 할 일을 무작위로 나열해보았다.

캠페인 목표 설정

호텔 예약

아이디어 기획

데이터 취합, 데이터 분석

아이 어린이집 준비물 챙기기

식탁 정리

인플루언서 목록 정리

에이전시 브리프 전달

블로그에 독후감 쓰기

직속 상사에게 1차 보고

저녁 메뉴 선정

트래픽 설계

요리하기

이메일 및 메신저 회신

직무 관련 인터넷 강의 듣기

보고서 제작

책 한 권 읽기

카피라이팅 정리

인플루언서 미팅

여행지 선정하기

부동산 강의 듣기

위 단어를 보면 할일이 뒤죽박죽 섞여 있어 정신이 없을 것이다. MECE적 사고를 하지 않으면 우리는 매일 일상에서 위와 같이 흐트러진 일들처럼 사고의 흐름 역시 정돈되어 있지 않을 것이다. 그러나 MECE 사고 틀을 적용하면 다음 장의 표와 같이 할 일들을 항목별로 구분할 수 있다. 일상에서 이와 같은

시간	할 일		세부 내용
Work Time	캠페인 기획 및 준비	기획	캠페인 목표 설정, 아이디어 기획, 트래픽 설계, 카피라이팅 정리
		인플루언서 선정	인플루언서 목록 정리, 미팅
		에이전시 협업	에이전시 브리프 전달
	업무 관련 커뮤니케이션		이메일 및 메신저 회신
	보고서 작업	데이터 정리	데이터 취합, 데이터 분석
		보고서 작업	보고서 작성, 직속 상사에게 1차 보고
Me Time	자기계발	역량 개발	직무 관련 인터넷 강의 듣기, 책 한 권 읽기, 블로그에 독후감 쓰기
		재테크	부동산 강의 듣기
	가정	육아	아이 어린이집 준비물 챙기기
		저녁	메뉴 선정, 요리하기, 식탁 정리
		휴가	여행지 선정하기, 호텔 예약

방법으로 개인적인 일과 회사 일을 MECE적으로 분류하면, 일을 덩어리로 묶어서 효율적으로 처리할 수 있다. 결과적으로 그

룹별로 구분된 일을 하이퍼포커스를 적용해서 더 빠르게 처리할 수 있는 것이다. 할 일이 너무 많다고 느껴질 때는 이처럼 10분 정도 시간을 내서 떠오르는 일을 전부 쓰고 위와 같이 분류하면 효과적이다.

업무 프로그램에서도 MECE 틀은 고스란히 적용된다. 문서 작업을 해야 할 때는 워드프로세서로, 발표 작업을 할 때는 파워포인트로, 도표나 수치 중심 자료는 엑셀 프로그램으로 작업해야 한다. 상식적인 이야기로 들리겠지만, 실제 업무 현장에서는 비상적인 일이 자주 일어난다. 분명히 발표 목적의 자료인데, 엑셀로 작업하고 그대로 발표하는 사람이 있다. 수치 중심 자료를 분석하는데, 엑셀이 아닌 파워포인트, 워드, 심지어 연습장을 사용하며, 수십 분 넘게 계산기를 두드리는 경우도 있다. 목적에 맞는 툴을 적합하게 사용하는 것 역시 MECE 사고방식의 한 예다.

제안서나 기획 자료를 만들 때도 MECE 틀을 적용한다. 기본적으로 쓰이는 분석 틀로는 3C, 마케팅의 4P를 예로 들 수 있다. 3C는 자사(Company), 경쟁사(Competitor), 고객(Customer)을 기준으로 분석하는 틀이다. 4P는 마케팅 전략 틀로, 상품(Product), 가격(Price), 유통(Place), 촉진(Promotion)을 중심으로 분석한다. 또한 제안서나 기획서를 작성할 때는 배경, 상황, 문제, 목적, 아이디어, 전략, 기대 효과, 타임라인, 팀, 예산 등과 같은 내용과 흐름으로 정리할 수 있다.

MECE적 관점을 강화하면 전체와 세부를 입체적으로 볼 수 있는 폭넓은 시야를 갖게 된다. 전체와 세부 내용을 구조적으로 분류해 파악하면 본질적인 문제를 좀 더 분명하게 밝혀낼 수 있다. 또한 각각 필요한 부분에 적절히 에너지를 배분해 효율적으로 집중하여 일하게 되어 전반적으로 생산성을 올리는 데 도움이 된다.

심리학과 뇌 과학을 공부하라

나는 지금까지 뇌 과학과 심리학 관련 책을 수십 권 읽었다. 책을 읽으면서 내 주변 사람들과 회사에서 만난 수많은 사람들이 떠올랐다. 때로는 이해가 되지 않았던 그들의 말과 행동이 이해되기 시작했다. 나 자신의 오해를 불러일으킬 만한 말과 행동들도 보이기 시작했다. '그때 그러지 말았어야 했구나'와 '앞으로는 이렇게 하자!' 하는 생각이 번갈아 들었다. 책을 읽고, 깊이 생각하는 시간이 반복되었다. 자연스럽게 내 행동을 조심하게 되었다. 하지 말아야 할 것을 하지 않고, 해야 할 것을 하기 시작했다.

과거의 나는 무조건 논리적으로 반박해서 이기는 것이 최선이라고 생각했다. 그러나 상황에 따라, 지금 지는 것이 장기적으로는 이기는 일이 될 수도 있다는 사실을 깨달았다. 임원들의 대화 스타일과 방식도 이해되기 시작됐다.

심리학과 뇌 과학 관련 지식은 조금씩 내 일상에 들어와 체화됐다. 덕분에 사람들과 좀 더 원활하고 유기적인 관계를 맺을 수 있게 되었다. 심리학과 뇌 과학은 윤활유와 같이 나와 다른 사람과의 관계를 부드럽게 만들어주었다. 특히 심리학, 뇌 과학과 밀접하게 연관되어 있는 직무인 마케팅 영역에서는 더욱 큰 도움을 받을 수 있었다. 실제로 여러 가지 문제를 훨씬 더 수월하게 해결할 수 있었다.

처음에는 심리학과 뇌 과학 관련 책이 어렵게 느껴질지도 모른다. 나도 처음에는 그랬다. 우선 입문서부터 시작하라. 몇 권의 입문서를 읽은 후 조금씩 난도를 올리면, 보다 전문적인 내용의 책도 얼마든지 읽을 수 있다. 그러나 단순히 책을 읽는 것만으로 삶에 변화를 가져올 수는 없다. 책을 읽으며 떠오르는 생각이나 깨달음은 반드시 기록해야 한다. 간단히 메모하거나 주변 사람들과 대화를 나누며 감상을 나누고, 아웃풋을 만들어야 한다. 그리고 내 삶에 어떻게 적용할지를 생각하면서 실제로 행동의 변화든, 생각의 변화든, 말투의 변화든, 의도적으로 변화를 주어야 한다. 이 과정을 통해 심리학과 뇌 과학은 더 이상 교양이 아닌 실용으로 당신의 삶에 스며들 것이다.

관계로 인한 어려움을 겪고 있거나 소통에 있어 답답한

기분이 든다면 다른 사람의 뒷담화를 하기 전에, 먼저 심리학과 뇌 과학 관련 책을 각각 10~20권 정도씩 읽어보라고 권하고 싶다. 관계, 업무, 삶 전반에 걸쳐 유의미한 도움을 얻을 수 있을 것이다. (추천 도서는 책 마지막의 부록을 참고하기 바란다.)

무의식의 영향력을 파악하라

보이지 않는 무의식unconscious 혹은 비의식nonconscious의 영향력은 생각보다 강력하다. 세계 최고의 동기부여 코치이자 행동신경과학 연구가로 알려진 존 아사라프John Asaraf는 무의식의 중요성을 강조한다. 그는 의식적인 뇌는 2~4%만이 우리의 행동에 영향을 준다고 말한다. 무의식적인 부분이 96~98%의 영향을 준다는 것이다.[17] 무의식은 실제로 우리의 사고와 행동에 지대한 영향을 미친다.

덴마크 코펜하겐 비즈니스 스쿨의 과학·철학 부교수인 토르 뇌레드라네르스Tor Nørretranders 박사는, 저서 《사용자의 착각 The User Illusion》에서 오감을 처리하는 정보의 흐름을 초당 비트 수 (bits/sec)의 대역폭으로 보여준다. 뇌는 '의식적인 영역'에서는

---

17   참고 도서: 존 아사라프, 머레이 스미스, 《부의 해답》, 알에이치코리아

시각, 청각, 촉각, 미각, 후각의 정보를 초당 77비트의 대역폭으로 받아들인다고 한다. 반면, 우리가 실제로 받아들이는 정보의 대역폭은 약 14만 배 이상 더 많은 11,201,000비트다.[18] 쉽게 말해, 우리는 매순간 우리가 의식적으로 인지하는 것보다 훨씬 더 많은 정보를 처리하고 있다고 추론할 수 있다. 같은 여행지나 장소를 두 번 방문할 때 느끼는 친숙함도 이와 같은 예시 중 하나다. 우리가 애써 그 장소를 기억하기 위해 노력하지 않아도, 우리도 모르는 새 저장되는 수많은 정보로 인해 한 번 갔던 곳은 자연스레 기억하게 되는 것이다.

그리고 우리의 깊고 깊은 무의식에 큰 영향을 주는 요소 중 하나로 트라우마가 있다. 잘 알려져 있듯, 트라우마는 우리의 정신에 지속적인 영향을 주는 격렬한 감정적 충격이다. 성격뿐만 아니라 우리의 의식, 무의식, 직관, 비직관 모두에 관여하며 인생 전반에 걸쳐 영향을 미친다.

트라우마가 어떻게 작동되는지는 로버트 그린[Robert Greene]의 책《인간 본성의 법칙》을 통해 자세히 알 수 있다. 이 책에는 트라우마로 인해 특이 행동이나 강박을 보이는 사람들의 사례가 담겨 있다. 트라우마를 잘 극복한 사람들은 성공한 인생을 살기

---

18   Tor Nørretranders, 《The user illusion: Cutting consciousness down to size》, Viking Penguin

도 한다. 하지만 극복하지 못한 사람들 중에는, 그 안에 갇혀 힘들어하다가 삶을 마감하기도 한다. 이처럼 트라우마는 한 사람의 성격과 행동 패턴은 물론 인생 전반에 걸쳐 큰 영향을 준다.

트라우마의 영향력을 알고 있다면 타인의 삶이 새롭게 보이기도 한다. 다른 사람의 삶뿐만 아니라 나를 속박하고 있는 것들도 보인다. 우리 안에 숨겨져 있는, 흔히 말하는 '발작 버튼'을 발견하기도 하는 것이다. 자기 안에 있는 발작 버튼을 발견했다면 그 원인이 되는 트라우마를 찾아 온전히 마주해야 한다. 근본적인 원인을 파악하고 받아들일 때 자기 스스로를 제대로 컨트롤할 수 있다.

트라우마와 더불어 우리의 생각 속에 깊이 자리를 잡고, 인생 전체를 조종하는 녀석이 또 있다. 바로 '관념'이다. 사전적 정의에 따르면, 관념은 '어떤 일에 대한 견해나 생각'을 말한다. 이 견해와 생각은 보통 표면적으로 드러난다. 하지만 드러나지 않거나 드러난 것과는 정반대의 모습을 보이기도 한다.

예를 들어, 삶의 균형을 지키며 성과를 내고 싶은 직장인 A가 있다고 가정해보자. A의 일상은 정신없이 바쁘게 돌아간다. 참 이상하다. A는 분명히 일을 적게 하고 싶다고 공공연히 말하지만, 실제로는 번아웃이 오기 직전까지 끊임없이 일을 받아들인다. 이는 그의 마음속 아주 깊은 곳에서 작동하는 관념이 원인일 수 있다. A에게는 '여유 있는 모습을 보이면 회사에서 열심히 일하지 않는다고 생각하거나 성실함을 인정받지 못할 거야'라는 관념이 있을 수 있다. 그리고 이처럼 무의식에 자리 잡은 관념은 자신도 모르는 사이에 A를 계속해서 바쁘게 살 수밖에 없는 결정으로 이끌게 된다. 그 결과 자신의 말과는 전혀 다른 현실을 살게 되는 것이다. 당신 또한 지금의 현실을 바꾸기 위해 노력하는데도 불구하고 계속해서 같은 문제가 발생한다면, 이처럼 관념의 문제일 수도 있다는 것을 깨달아야 한다. 이럴 때는 눈을 감고 심호흡을 하면서 자신의 내면을 깊이 들여다보는 시간이 필요하다. 내 안에 자리 잡고 있는 관념을 찾고, 그것이 내 인생에 도움이 될 만한 것이 아니라고 판단되면, 잘 다독이고 놓아주는 연습을 해보자.

업무를 진행하다 보면, 때로 안 좋은 관념에 사로잡혀 있는 이들을 만나기도 한다. 이 경우, 당신이 할 수 있는 최선은 그저 좋은 에너지를 전해주는 것이다. 그들의 부정적인 에너지와 태도에 빨려 들어가지 않도록 힘을 빼고 있는 것이 좋다. 그리고 그것과 관련해 강하게 논쟁을 벌이지 않는 것이 좋다. 부정 에너지와 관련한 논쟁은 종종 부메랑처럼 내게 다시 돌아올 수 있기 때문이다. 나는 조직 내에서 이러한 경험을 여러 번 했다. 전투에서는 승리했으나 전쟁에서 지는 일 또한 수차례 경험했다. 부정적 에너지가 가득한 사람은 피하는 것이 제일 좋지만, 그럴 수 없을 때에는 마치 관전자와 같은 태도로 상황을 지켜보며 그냥 흘러가도록 두는 게 도움이 된다.

　심리학과 뇌 과학을 공부하는 것은 여러모로 인생에 도움이 되지만, 우리는 살면서 어떤 지식으로도 해석되지 않는 감정이나 경험 또한 마주하게 될 것이다. 그럴 때는 무의식의 영역에 대해 관심을 갖고 자신의 내면을 돌아보라. 심리학, 뇌 과학 영역과 더불어 의식과 무의식의 영역을 종합적인 시각으로 인지하고 분석해보라. 그러면 자신과 타인을 좀 더 입체적으로 바라볼 수 있게 될 것이다.

최적의 커뮤니케이션을 위한 기술

　업무에 있어 커뮤니케이션 능력은 어쩌면 가장 중요한 역량이라고 할 수 있다. 소통은 업무의 시작과 끝이기 때문이다. 개인 업무를 아무리 잘해도 커뮤니케이션이 안 되면 일이 제대로 진행되기 힘들고, 자신이 일한 만큼 성과를 인정받는 것도 어렵다. 경우에 따라 일의 결과까지 가는 데 크고 작은 트러블을 일으키기도 한다. 커뮤니케이션 능력이 부족하면 불필요한 수많은 비효율과 문제를 일으키게 된다. 한마디로 커뮤니케이션 능력을 다지지 않고서는, 다른 수많은 업무 스킬을 얻는다 해도 일을 제대로 해낼 수 없다. 이는 조직 생활을 하는 사람뿐 아니라 개인 사업자나 프리랜서 역시 마찬가지다. 커뮤니케이션이라는 터널을 통과해야만 원하는 목적지에 도달할 수 있다.

커뮤니케이션이라는 범위 안에서 다룰 수 있는 주제는 굉장히 많다. 그중 내가 실무 현장에서 직접 부딪히고 시행착오를 겪으며 효과를 보았던 소통의 기술 몇 가지를 소개한다. 알고 있으면 곧바로 써먹을 수 있고 기존의 수준을 향상시킬 수 있는 말하기와, 글쓰기 프레임인 오레오OREO, 텐프렙TNPREP, 스타STAR이다.

1. 오레오OREO 원칙

문해력 전문가인 송숙희 작가의 《150년 하버드 글쓰기 비법》에는 논리적이고 잘 읽히는 글쓰기 비법 중 하나로 '오레오 맵'이라는 개념이 등장한다. 이 글쓰기 방법은 오래 전부터 효과를 인정받아온 것으로, 주장 – 근거 – 예시 – 강조의 구조를 따른다.

Opinion (주장)

Reason (근거)

Example (예시)

Opinion / Offer (종결, 강조, 제안)

자연스럽게 읽히면서 설득력이 있는 글의 경우, 대부분 위의 구조를 잘 따르고 있음을 알 수 있다. 다음의 예시를 살펴보자.

O: 주장	오레오 원칙에 따라 글을 쓰거나 말을 하면 좋습니다.
R: 이유	이 원칙을 쓰면 논리적으로 사람들을 쉽게 설득할 수 있기 때문인데요.
E: 예시	저는 회사에서 중요한 발표 때마다 이 원칙을 써서 이해가 정말 잘 된다며 청중들로부터 호평을 받았습니다. 또한, 이 방식을 PT 면접 발표자에게 알려주었고, 그 발표자 역시 면접에서 합격하거나 평가에서 최고점을 받는 결과를 보여주었습니다.
O: 종결, 강조, 제안	이처럼 오레오 원칙은 거의 100% 효과를 입증하는 글쓰기 방법입니다. 그러니 지금부터 여러분도 스크립트를 작성할 때 이 원칙을 적용해보는 건 어떨까요?

O: 주장	A의 서비스 품질 향상을 위해서는 '가나다 전략'을 써야 합니다.
R: 이유	이 전략을 통해 현재 발생한 ○○○ 문제를 본질적으로 해결할 수 있기 때문입니다.
E: 예시	경쟁사인 B에서는 이와 유사한 전략을 통해, 매출을 25% 상승시킨 사례가 있습니다. 그뿐만 아니라, 자사 역시 과거에 C와 비슷한 사례로 보이는 결과를 통해 2배의 매출 증가를 이끌어낸 적이 있습니다.
O: 종결, 강조, 제안	이와 같은 사례를 토대로 살펴보았을 때, '가나다 전략'은 A의 매출에 있어 새로운 물꼬를 열어줄 통로가 될 것입니다.

O: 주장	자사 A의 매출 향상을 위해, MZ세대 맞춤 콘텐츠 전략인 'MZevolution'을 제안합니다.
R: 이유	리포트에 따르면, 자사 고객의 연령층은 82%가 20~30대 초반입니다. (차트를 보여주면서) 하지만 최근 6개월 동안 올라온 콘텐츠 30개를 분석해보니, 콘텐츠의 95%가 X세대의 향수를 불러일으키는 내용이었습니다. 이는 저희 타깃층과 거리가 먼 콘텐츠 전략입니다.
E: 예시	한 업계의 사례를 예시로 말씀드리겠습니다. 저희와 유사한 고객층을 가진 B사는 MZ세대에 홍보 초점을 맞춘 결과, 1년 만에 2배의 매출 상승을 보였습니다. 경쟁사인 C 역시, MZ를 위한 이벤트를 진행하면서 (다른 차트를 보여주며) 네이버 검색량이 5배 이상 상승한 것을 확인할 수 있습니다. 외국의 D사 역시, MZ를 위한 콘텐츠로 전환하며, 구매 전환율이 120% 이상 상승했다는 보고가 있습니다.
O: 종결, 강조, 제안	따라서 저희도 핵심 타깃인 MZ세대에게 공감을 살 수 있는 콘텐츠 전략인 'MZevolution'으로 방향을 전환해야 합니다. 물론, 곧바로 진행하는 건 다소 무리가 될 수 있습니다. 현실을 고려해 MZ세대:X세대 콘텐츠 비중을 점진적으로 바꿔가는 방향을 제안합니다. 두세 달에 걸쳐, 20:80, 50:50, 80:20로 조금씩 균형을 잡아간다면, 내외부적인 부작용도 줄일 수 있을 것으로 예상합니다.

2. 텐프렙TNPREP 법칙

자신이 말하고 있는데도 불구하고 무슨 말을 하고 있는지 모르는 사람이 있다. 이럴 경우 대부분 듣는 사람 또한 이를 눈치챌 수 있다. 평소에 "그래서 하고 싶은 말이 뭐죠?"라는 말을 들어 본 적이 있다면, 이제부터 소개할 '텐프렙TNPREP 법칙'을 눈여겨보자. 《횡설수설하지 않고 정확하게 설명하는 법》(고구레 다이치 저)이라는 책에 등장하는 이 법칙은 아래와 같이 구성된다.

T: Theme (주제)

N: Number (수)

P: Point (요점&결론)

R: Reason (이유)

E: Example (예시)

P: Point (요점&결론 반복)

구조를 살펴보면 TN과 PREP으로 나눠지는데, PREP 부분은 앞서 살펴본 오레오 원칙과 구조가 매우 유사하다. PREP 구조를 나열하기 전에 먼저 주제(T)를 간단하게 언급해 청자가 무의식적으로 전체 내용을 유추할 수 있도록 한다. 또한 몇 가지 (N) 주제에 대해 말할 것인지 미리 언급해 상대방이 들을 준비를 할 수 있게 돕는다. 예를 들면 다음과 같다.

"팀장님, 큰일 났어요!

어제 저희 회사 채널 인스타그램에 댓글이 달렸는데요.

'이 제품은 정말 별로인데요? 최악입니다'라는 내용입니다.

담당자인 B 과장님에게 연락했는데 휴가 중이시네요.

그래서 어떻게 할지 고민하는 사이에 악플이 세 개나 더 달렸습니다. 난리 났네요.

B 과장님이 저에게 관련 업무에 대해 인계하고 가셔서, 제가 지금 가이드북을 보고 있는데 어떻게 해야 할지 모르겠어요."

이런 만연체, 드라마틱 화법으로 사내·클라이언트 커뮤니케이션을 진행하면 어떻게 될까? 듣는 사람 입장에서는 상당히 피곤할 것이다. 이번에는 TNPREP 법칙을 적용해보겠다.

이메일 혹은 서면으로 소통하고 있는 상황이라면 다음 페이지의 내용과 같이 진행할 수 있을 것이다.

일부 사람들은 두괄식으로 결론부터 말해야 하는 게 아니냐고 생각할지도 모른다. 나도 수년 동안 두괄식 소통을 해왔다. 이 방식은 좋지만 한 가지 이슈가 있다. 상대방이 준비되지 않은 상태에서 자칫 들이닥치듯 대화가 시작되는 느낌을 주거나, 이로 인해 상대가 혼란을 느껴 오히려 내용 파악에 시간이 지연되어 적절한 리액션을 할 수 없게 된다는 것이다.

맥락과 상황을 공유하고 있지 않은 상대에게는 위의 법칙

생각나는 대로 말하기	TNPREP 법칙 적용해 말하기
팀장님, 큰일 났어요! 어제 저희 회사 채널 인스타그램에 댓글이 달렸는데요. '이 제품은 완전 별로인데요? 최악입니다'라는 내용입니다. 담당자인 B 과장님에게 연락했는데 휴가 중이시네요. 그래서 어떻게 할지 고민하는 사이에 악플이 세 개나 더 달렸습니다. 난리 났네요. B 과장님이 저에게 관련 업무에 대해 인계하고 가셔서 제가 지금 업무 매뉴얼을 보고 있는데 어떻게 해야 할지 모르겠어요.	(T) 팀장님, 회사 인스타그램에 악성 댓글이 달렸습니다. (N) 이에 한 가지 보고 드릴 내용이 있습니다. 잠시 시간 괜찮으실까요? (P) 악플과 관련해서 내부 채널 가이드에 따라 무응대로 진행하려고 합니다. (R) 원래 담당자인 B 과장님이 제게 업무를 인계하고 휴가를 갔는데요. 중요 이슈로 보여 연락드렸으나 받지 않아, 업무 매뉴얼을 보았습니다. (E) 예전 비슷한 상황에서도 무응대로 잘 해결한 것을 확인했습니다. (P) 이와 같은 내용을 참고하여 무응대로 진행하려고 하는데요. 이대로 진행해도 괜찮을지 피드백 부탁드립니다.

중 T에 해당하는 배경 설명을 먼저 해주는 것이 좋다. 반대로 대략 이 내용을 공유하고 있는 상황이라면 앞의 몇 가지 단계는 생략할 수 있다. 상황에 맞게 구성하면 된다.

생각나는 대로 쓰기	TNPREP 법칙 적용해 쓰기
안녕하세요 ○○ 팀장님, 저희… 큰일 났습니다. 어제 저희 회사 채널 인스타그램에 댓글이 달렸는데요. '이 제품은 완전 별로인데요? 최악이네요'라는 내용입니다. 원래 담당인 B 과장님에게 연락했는데 휴가 중이라 통화가 되지 않습니다. 그래서 어떻게 할지 모르는 사이에 악플이 세 개가 더 달렸습니다. 난리 났네요. B 과장님이 휴가 전에 저에게 관련 업무에 대해 인계 후 가셔서 지금 제가 업무 매뉴얼을 보고 있는데요. 도저히 어떻게 해야 할지 모르겠어요…. 감사합니다. △△ 드림	안녕하세요 ○○ 팀장님 (T) 저희 회사 인스타그램 계정에 악성 댓글이 달려, 대응과 관련해 (N) 한 가지 보고 드릴 내용이 있습니다. (챕쳐 이미지를 본문에 첨부) (P) 결론부터 말씀드리면, 이와 같은 악성 댓글에 대해 내부 채널 업무 가이드북에 있는 응대 매뉴얼에 따라 무응대로 진행하고자 합니다. (R) B 과장님이 제게 업무를 인계하고 휴가를 가셨는데요. 중요 이슈로 보여 부득이하게 연락드렸으나 연결이 되지 않아 응대 매뉴얼을 보았습니다. (E) 예전 비슷한 상황에서도 무응대로 해결한 것을 확인했습니다. 이와 같은 내용을 참고하여 무응대로 진행하려고 하는데요. (P) 이대로 진행해도 괜찮을지 의견주시면 감사하겠습니다. 감사합니다. △△ 드림

3. 스타STAR 원칙

'스타STAR 원칙'은 과거 취업을 준비하던 시절에 처음 알게 되어 유용하게 썼다. 성과 전달을 중심으로 하는 자기소개서 작성이나 면접 자리에서 활용하면 좋은 말하기 구조다. 회사에서는 간단한 성과 보고를 할 때 요긴하게 활용할 수 있을 것이다. 'STAR'는 아래 단어의 앞 글자를 따온 것이다. (STAR와 유사한 PAR 원칙도 있다. 이는 ST(상황과 당면 과제)를 Problem(문제) 하나로 묶은 것이다.)

Situation (상황)

Task (당면 과제)

Action (행동)

Result (결과)

당신이 진행한 A라는 프로젝트에 관해 발표해야 한다고 가정해보자. 명확하고 조리 있게 설명하고 싶다. 이럴 때는 다음 페이지의 표에서와 같이 발표 스크립트를 짜서 진행하면 좋다.

이 표의 내용은 가상의 업무에 관해 작성한 스크립트다. 마케팅 직무에 대한 예시이지만, 영업, 개발, 연구, 특별 프로젝트 등 모든 영역에서 활용할 수 있는 근본적인 말하기의 구성이다.

보고 작업에서는 구체적인 수치를 포함시켜 내용을 객관

(필요시 두괄식 Preview)	2배 매출 상승에 기여했던 A 마케팅 캠페인 진행 과정에 대해 설명해 드리겠습니다.
Situation (상황)	2022년, B 브랜드와 협업을 진행하게 되었습니다.
Task (문제)	그런데 B 브랜드가 자사 소셜미디어에 올린 한 내용으로 인해, 온라인에서 일부 좋지 않은 여론이 생겼습니다.
Action (진행)	이 문제의 해결을 위해 이슈가 터진 다음 날 긴급하게 7개 팀을 소집해 임원 분들을 모시고 회의를 진행했습니다. 그리고 3가지 해결책을 제안했습니다. '1. 강행한다 2. 일부 계획을 수정한다 3. 드롭한다'입니다.
Result (결과)	회의 결과, 일부 계획을 수정해서 진행하는 것으로 의견이 모아졌고, 이를 바탕으로 일을 진행한 결과, 협업 리스크를 최소화할 수 있었습니다. 파급 효과로, 자사의 2배 매출 상승을 이끌어낼 수 있었습니다.

화해야 한다. 보고하는 커뮤니케이션 혹은 면접에서 어떻게 말해야 할지 몰라 어려움을 겪고 있다면, 바로 이 '스타 원칙'의 구조를 참고하길 바란다.

지금까지, 커뮤니케이션을 위한 세 가지 틀에 관해 살펴보았다. 오레오OREO, 텐프렙TNPREP, 스타STAR, 이 세 가지는 업무 현장에서 정말 자주 사용하는 말하기, 글쓰기 방식이다. 완전히 내 것으로 만들 때까지 신경을 쓰면서 숙달하면 좋다. 그 외 다음과 같은 팁도 알아두면 도움이 된다.

1. 상사에게는 두 번까지만 "No"라고 하기

(한 번은 부족하고, 세 번은 너무 완고한 느낌이다.)

2. 상사에게 "큰일 났습니다"라는 말은 되도록 하지 마라

(큰일인지 아닌지는 상사가 판단할 것이다. 괜히 작은 일을 큰일로 만들지 마라.)

3. 보고는 최소 3번 하라

(사전 보고, 중간 보고, 사후 보고는 기본이다. '어떻게 되고 있나요?' 또는 '어떻게 되었나요?'라는 말이 상사의 입에서 나오기 전에 미리 보고한다.)

4. 지금까지 설명한 커뮤니케이션 구조와 세부 팁에, 심리학 또는 뇌 과학적 요소를 더하라 (훨씬 더 강력한 커뮤니케이션 방식이 될 것이다.)

5. 소통에 있어 메시지는 겨우 7%다. 93%[19]는 비언어적 요소인 청각과 시각 요소가 차지한다. 비언어적 중요성을 간과해서는 안 된다

6. 경청은 힘이 세다는 것을 잊지 마라

---

19 메라비언의 법칙(The Law of Mehrabian)에 따르면, 사람들은 말의 내용이 아닌 말투나 표정, 눈빛과 제스처 같은 93%의 비언어적 요소를 더 잘 받아들인다. 메시지의 중요성은 7% 밖에 되지 않는다. (메시지: 7%, 청각 요소(목소리 톤): 38%, 시각 요소(보디랭귀지)+비언어적 요소: 55%)

주기적으로 스스로를 업그레이드하라

나는 일 년에 한두 번 정도는 일부러 조금 '불편한 날'을 갖는다. 익숙하지 않은 새로운 것들을 도입하고 적용하여 더 나은 생산성을 만들기 위한 불편함을 겪는 시간이다. 나는 이 시간을 '업그레이드 데이'라고 부른다.

기존의 익숙한 환경에서 벗어나 새로운 것을 받아들이기 위해서는 다소 불편한 과정을 겪어야 한다. 그 잠깐의 불편함을 참지 못해 지금에 머무는 사람들이 생각보다 많다.

현재의 업무 환경에 익숙해지지 마라. 늘 더 나은 환경을 고민하라. 당장의 불편함을 기꺼이 감수하여 새로운 것을 익히고 받아들이는 노력을 하라. 그러면 장기적으로 생산성이 몇 단계는 더 업그레이드될 것이다. 업그레이드를 해야 하는 영역은 다양하지만, 여기서는 네 가지 파트를 중심으로 정리했다.

1. 물리적 환경

나이키 재직 당시 심각한 코로나 19 상황으로 인해 재택근무가 시작되었다. 집에서 일할 준비가 되어 있지 않던 그때, 나는 거실 식탁에서 일해야 했다. 여러모로 불편한 환경이었다. 이런저런 방법을 모색하던 중 첫째 아이가 예전에 쓰던 신생아용 침대를 책상으로 활용하기 시작했다. 중고로 구입했던 신생아 침대 겸 책상이었다. 업무 효율성과 생산성을 조금 더 높일 수 있는 방법이 필요했다.

　　업무에 맞는 세팅을 위해, 개선점을 찾기 위한 조사를 시작했다. 먼저 책상부터 새로 사야 했지만, 당시 방의 구조나 비용 등 여건상 어려운 점이 있었다. 그래서 책상은 유지한 채로 최적으로 책상을 세팅하기 위해 관련 영상을 찾아보기 시작했다. '모니터암'을 사용하면 책상이 작아도 공간을 깔끔하고 넓게 사용할 수 있다는 걸 알았다. 모니터암을 구입하면서 중고 모니터도 구매했다. 하루 동안 듀얼 모니터 환경을 세팅했다. 훨씬 더 쾌적하게 일할 수 있었다.

　　재택근무가 장기화 조짐을 보이자 몇몇 직원들은 집에서 일하는 것이 불편하다고 불만을 토로하기 시작했다. 일부는 밖으로 나가 카페 등에서 일한다고 했다. 그러나 나는 오히려 회사에서보다 집에서 집중이 더 잘됐다. 앞서 언급한 산책, 하이퍼포커스 모드 등의 방법을 활용해 '몰입과 이완'을 수월하게 할 수 있었던 덕분이다. 거기에 더해, 의도적으로 시간을 들여 생산성을 높이기 위한 환경을 구축하는 노력을 했기 때문이다.

　　신생아 침대를 책상 삼아 쓰던 불편한 환경은 단계별 개선 과정을 거쳤다. 이사를 한 이후에는 38인치 와이드 모니터, 전동 책상, 편안한 의자, 온갖 단축키를 대신하는 마우스, 콤프레서가 달린 마이크까지 갖췄다. 심지어 집에서 먼지를 뒤집어쓰고 있던 DSLR 카메라를 화상 회의용으로 탈바꿈시키기도 했다. 회사보다 집의 업무 공간이 더 마음에 들 정도였다. 나이키코리아의 오피스는 당시 최첨단 장비로 레노베이션을 마친 상태였는데도 불구하고 말이다.

업무 생산성을 높이기 위해 물리적인 환경이나 효율성을 높일 방법을 꾸준히 고민하고 개선하고자 노력하려는 시도는 무척 중요하다. 사무 공간에 작은 변화를 주는 것도 생산성 향상으로 이어질 수 있다.

2. 시스템과 프로세스

사무직 업무를 하고 있는 이들이라면 반드시 신경 써야 할 부분이 있다. 바로 업무 프로세스와 프로그램을 통해 생산성을 올리는 일이다.

나이키 재직 중에 나는 종종 시스템 메이커의 역할을 맡았다. 반복되는 문제 해결을 위해 시스템 차원의 수정이나 보완을 하는 일이다. 세 단계만 거치면 할 수 있는 일에 불필요하게 많은 단계가 포함되어 있는 등의 자원, 리소스, 업무 시간에 있어서의 불필요한 낭비를 줄이기 위한 새로운 프로세스를 고안하는 업무다.

새로운 프로세스나 시스템의 도입은 필연적으로 불편을 초래한다. 오히려 이전보다 에너지와 시간을 더 낭비하는 것은 아닌가 하는 생각이 들 정도다. 하지만 몇 달이 지나니 이전에 반복되던 문제가 줄어들기 시작했고, 좀 더 수월하게 일을 처리할 수 있게 되었다.

회사 내 당신의 위치에 따라 회사 차원의 시스템을 수정하는 것이 불가능할 수도 있다. 그럴 경우에는 우선, 현재 상황과 시스템을 받아들이되, 더 나은 방향을 분석해둔다. 그리고 기회가 왔을 때 그것을 제안하고 시도해보라.

3. 개인 역량

늘 개인 역량을 끌어올리기 위해 노력해야 한다. 나는 몇 년 전에 한글 키보드 타이핑 방식을 바꿨다. 일반적으로 많이 쓰는 타이핑 방식인 두벌식에서 '세벌식 390' 방식으로 바꿨다. 타이핑 속도나 어깨에 힘을 쓰는 관점에서 보았을 때 장기적으로 익혀두면 도움이 될 것 같았기 때문이다.

이미 중학생 시절 타이핑 속도를 높이기 위해 도전했었지만 3일 정도 해보다가 포기했던 경험이 있다. 손에서 익숙해지기 전까지의 '불편한 기간'을 버티지 못했던 것이다. 이번에는 당분간 타자 속도가 느려지더라도 세벌식 타이핑 방식을 반드시 마스터하고 싶었다. 회사 노트북과 개인 노트북의 키보드를 모두 세벌식으로 바꿨다. 다시 한 번 '그만둘까…?' 하는 생각이 절로 들 만큼 불편했다. 업무 처리 시간도 엄청나게 늘어났다. 그러나 이번에도 포기한다면 평생 익히지 못할 것 같았기에 한 달만 사용해보자고 마음먹었다. 한 달 정도 지나고 평균 80~100타까지 칠 수 있게 되었다. 6개월이 지났을 때는 평균 200~300타 정도가 가능했다. 1년 반이 지나고 보통 분당 400~500타 속도가 나왔고, 일단 익숙해지고 나니 분당 700~800타의 속도가 나왔다.

키보드를 세벌식 390으로 바꾸고 나서 타이핑 속도가 빨라진 것은 물론 기존의 키보드를 오래 썼을 때 느껴졌던, 만성적인 왼쪽 어깨 통증이 완화되었다. 전반적으로 타이핑에서 오는 부담감이 줄어들었기 때문이다. 얼마간의 불편했던 시간으로 인해 평생 유용하게 써먹을 수 있는 테크닉 하나를 익힌 것이다.

4. 프로그램

11년 8개월 동안 마케터이자 기획자로 일하며 가장 많이 사용한 프로그램은 파워포인트^{PPT}다. 덕분에 파워포인트 프로그램만으로 개인용 콘텐츠나 서비스의 상세페이지를 작업할 수 있는 수준이 되었다.

나이키 퇴사 후에는 전자책 론칭을 위한 와디즈 펀딩용 상세페이지를 작업해야 할 일이 있어, 피그마^{Figma} 프로그램을 새롭게 익혔다. 먼저 유튜브를 통해 기본적인 프로그램 내용을 숙지했다. 그리고 곧바로 디자인 작업을 시작했다. 단축키를 달

달 외우고 있는 파워포인트로 하는 것보다 5배 이상은 속도가 느려졌지만, 딱 하루 동안 낑낑대면서 익숙해지려고 노력한 끝에 피그마를 활용해 상세페이지를 잘 마무리할 수 있었다. 막힐 때마다 유튜브와 구글 검색을 통해 독학하며 새로운 프로그램을 익혔다. 이후 피그마를 활용해 소셜 미디어용 광고 콘텐츠로 사용할 이미지도 제작했다. 광고 콘텐츠를 늘리며 A/B 테스트[20]를 계속했다. 나중에는 콘텐츠를 19개까지 늘려서 테스트했다. 한 콘텐츠의 광고 수익률(ROAS)이 괜찮게 나오기 시작했다. 이 광고 콘텐츠 덕분에 와디즈 프로젝트 성공률을 4,097%(기본 50만 원 목표액 기준 8,194%) 달성할 수 있었다.

익숙했던 파워포인트를 고집해 작업했다면 잠깐은 편했을지 모른다. 하지만 전체적으로 디자인, 콘텐츠 제작 등에 들어간 업무 시간과 양은 훨씬 더 늘어났을 것이다. 그리고 위와 같은 성과도 달성하지 못했을 것이다. 단 하루 동안 불편해짐으로 인해, 훨씬 더 빠른 업무 속도와 더 나은 퀄리티의 결과물을 얻을 수 있었다.

퇴사 후 사업가로서 혼자 온갖 업무를 담당했을 때도 새로운 프로그램을 공부하는 것이 큰 도움이 되었다. 나는 현재 사

---

20   A/B 테스트란, 마케팅 영역에서 자주 쓰이는 용어로, 어떤 콘텐츠(광고 소재)가 더 나은지 수치로 보면서 판단하는 방법이다.

업가의 삶을 살고 있다. 이제 막 시작한 단계여서 곧바로 직원을 고용하는 리스크를 질 수는 없었다. 그래서 AI 툴의 유료 버전을 사용해보기로 했다. 관련 강의와 영상을 보면서 독학한 끝에, 현재 아주 유용하게 사용하고 있다. 이 프로그램은 사업계획서를 위한 시장조사, 자료의 분석, 자동화를 위한 코딩 등 다양한 업무를 담당하며 나름 괜찮은 직원의 역할을 해내고 있다.

최근에도 혼자 했으면 5일은 걸렸을 마케팅 콘텐츠 캘린더 작업을 AI로 한 시간 만에 어느 정도 해결할 수 있었다. 이 밖에도 웹사이트를 제작하는 데도 도움을 받았다. 하지만 한 번에 완벽하게 해결되는 일이 있던가? 실제로 실행하면서 예상치 못한 다양한 문제가 발생했다. 여기서 발생한 문제들을 AI에게 물으며 함께 풀었다. 덕분에 웹사이트 제작을 잘 마무리하고, 안정화할 수 있었다. 웹사이트 제작 대행을 맡겼다면 몇 백만 원의 비용이 들었을 것이다.

장기적인 생산성 향상을 위해 때에 따라 당장의 불편함은 감수하라. 직장생활 혹은 개인적인 익숙함 속에 갇히지 마라. 업무 시스템, 개인 역량, 새로운 프로그램, 업무 환경 등 생산성 향상을 위한 다양한 부분에 대해 끝없이 고민하면서 더 나아지기 위해 노력하라.

무엇을 시도하든 기존의 익숙한 것을 버리고 새로운 것을 습관화하는 데에는 얼마간의 불편함이 따른다. 이것을 견디고 완전히 자신의 것으로 만드는 과정을 거치면, 그 다음에는 기존보다 두세 단계는 앞서는 성장을 이룰 수 있다.

이직을 하거나 새로운 사업을 시작할 때 역시 필연적으로 불편한 상황을 겪는다. 새로운 것들을 익히는 시간이다. 처음에는 생존이 걸려 있기 때문에 무조건 한다. 그러다가 시간이 지나면 신경가소성에 따라 마치 '자동화'된 것처럼 일을 점점 더 쉽게 처리할 수 있다. 하지만 이러한 상황에 또다시 익숙해지면, 이제는 다른 불편한 상황을 피하려고 할 것이다.

이럴 때는 의도적으로 단 하루, 단 한 시간, 단 10분, 단 3분이라도, 불편한 시간을 가져보는 건 어떨까? 이 작은 움직임은 장기적으로 더 편한 상황을 만들어줄 도화선이 될지도 모른다.

너무 위대한 일을 시도할 필요는 없다. '스몰 스텝 전략'에서 설명한 바와 같이, 당신의 뇌 편도체에서 '하지 마!' 하고 저항을 할지도 모르기 때문이다. 말도 안 되는 작은 수준의 실행부터 해보기 바란다. 모든 것을 편안하게 진행하고 있는 그곳, 그 수준, 그 영역을 단 3분, 단 30초, 단 10초만이라도 벗어나 보기 바란다.

4장 요약

1. **파레토의 법칙**은 우리의 일상 어디에나 적용할 수 있다. 어떤 일에서든 내게 중요한 20% 또는 1%에 '먼저' 집중해야 한다.

2. **파킨슨의 법칙**을 업무에 적용하면, 일을 좀 더 빨리 집중해서 끝낼 수 있다.

3. **자이가르닉 효과**를 기억하라. 일단 시작하면 계속하게 된다. 시작이 어려울 때는 '스몰 스텝 전략'에 따라 아주 작은 목표를 세우고 시작하라. (그것도 어려우면 다음 장에서 소개할 '5초의 법칙'을 적용해보기 바란다.)

4. **레버리지 전략**을 활용하라. 당신이 하기 힘들고 귀찮은 일은, 다른 누군가에게는 잘하고 좋아하는 일일 수도 있다.

5. **업스트림 전략**을 기억하라. 모든 일은 그냥 하지 말고 계획적으로 하라. 내 성과와 관련 없는 일을 하지 않는 게 최선인 경우도 많다.

6. **마인드맵**은 당신의 생각 정리를 도울 것이다. 또한 정리된 생각을 한눈에 볼 수 있어 새로운 아이디어도 얻을 수 있다.

7. **MECE 사고** 틀을 매일 삶과 업무에 적용해보기 바란다. 할 일이 너무 많을 때는 먼저 분류하고, 실행하라.

8. **심리학 및 뇌 과학 정보**는 MMA 경기로 치면, 펀치와 킥이다. 이 두 가지 영역의 지식이 쌓이면 쌓일수록, 사람과 사람 사이, 사람과 조직 사이에서 벌어지는 경기(장면)를 보는 시야가 더 넓게 열릴 것이다.

9. **무의식**은 MMA 경기의 '그래플링(Grappling, 얽혀서 싸운다라는 뜻)'과 같다. 겉으로는 잘 보이지 않는다. 하지만 경기(삶)의 판을 뒤엎을 정도로 강력하

다. 무의식 관련 영역도 관심을 갖고 'Be Water 마인드'로 테스트해보기 바란다.

10. **커뮤니케이션**에 관한 기술로는 세 가지를 제시했다. 오레오^{OREO} 원칙, 텐프렙^{TNPREP}의 법칙, 스타^{STAR} 원칙. 이 세 가지 방법에 더해, 여러분만의 커뮤니케이션 스킬을 쌓아가기 바란다.

11. **스스로를 업그레이드하라.** 삶에서 그 무엇도 하루 아침에 습득할 수 없다. 하루, 1시간, 30분, 단 1분이라도, 새로운 것을 받아들이는 불편한 시간을 가져라. 이 불편한 시간을 업그레이드를 위한 날로 지정하라. 잠깐의 불편함을 이기면 좀 더 향상된 자신을 만나게 될 것이다.

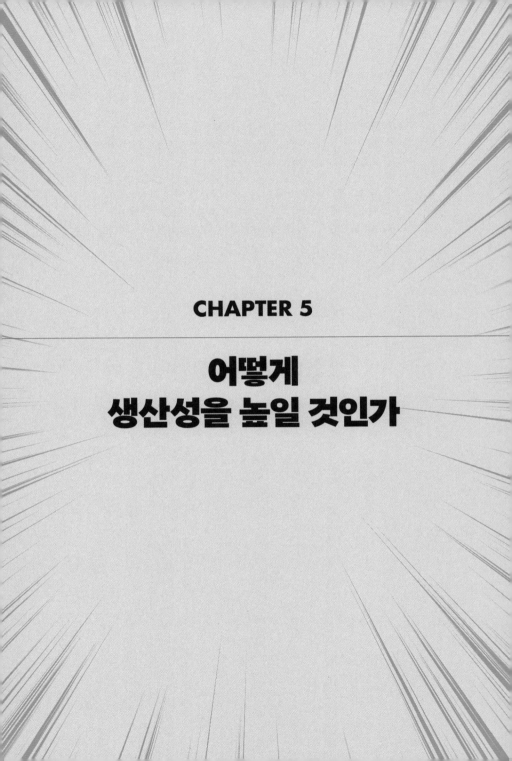

CHAPTER 5

어떻게
생산성을 높일 것인가

믿지만 말고 지금 당장 움직여라

'끌어당김의 법칙'에 대한 사람들의 반응은 여러 가지다.

'아직도 이런 걸 믿다니?'
'신비주의, 유사과학 아닌가?'
'끌어당김은 맞아! 왜냐하면, 권위자 A, B, C가 맞다고 했거든!'
'성공한 사람들이 말하는 거니까 일단 해보자!'

나는 어느 한쪽의 의견에 치우쳐 말하기보다는 조금 다른 시각에서 제안해보려고 한다. 결론부터 말하면, 끌어당김을 하긴 하되 너무 열심히 하지 말라는 것이다. 아래와 같은 비율을 제안하고 싶다.

끌어당김 : 행동 = 1 : 99

1이라는 비중이 너무 작아 보일지도 모르겠다. 그러나 중요성을 따졌을 때는 결코 작지 않다. 이것은 배의 방향을 아주 미묘하게 조절하는 방향키와 같다. 배에서 방향키가 1도라도 틀어지면 목적한 곳에 다다르기 힘들 것이다. 그렇다고 키만 잘 잡으면 배가 움직이는가? 전혀 아니다. 배를 앞으로 나아가게 하기 위해서는 엔진과 모터를 돌려야 한다. 엔진과 모터가 99에 해당하는 실행 비율이다.

가상의 인물 A, B, C의 사례를 토대로, 끌어당김과 행동의 비율을 각각 100:0, 0:100, 1:99로 살아가는 삶의 방식을 한번 그려 보겠다.

먼저 끌어당김에 심취해 있는 30대 방구석 마법사 A의 경우를 살펴보자. 그는 오늘도 벌써 30분 넘게 끌어당김을 위한 활동에 전념하고 있다. 관련 강의를 찾아보고, 목표 100번 쓰기, 100번 외치기를 하는 데 또 다시 30분 이상을 썼다. 이런 식으로 하루에 한 시간 이상 끌어당김을 위한 활동을 한다. 문제는 그 다음이다. 그는 자신의 미래에 대한 확신을 갖고 게임을 하러 간다. 언젠가 성공할 것이라는 믿음 때문인지 전혀 조급하지 않다.

취업 좀 하라는 부모님의 말은, 우주의 법칙을 모르는 답답한 세대의 이야기로 들린다. 나에겐 큰 한방이 남아 있는데 말이다. 하지만 신기하게도 그의 인생에 열매는 없다. 하루 수 시간의 게임 기록과 유튜브에 남아 있는 온갖 종류의 성공학 관련 영상의 재생 목록만 있을 뿐이다.

한편 끌어당김 따위는 헛소리라고 여기는 익스트리머(열정론자) 실행가 B가 있다. 그는 끌어당김의 법칙 따위는 말도 안 되는 허무맹랑한 소리라고 생각한다. 그는 삶의 모든 영역을 100% 자신의 경험과 노력만으로 채우려 한다. 그는 '과학적으로' 밝혀지지 않은 내용을 믿는 인간들이 한심해보인다. 당연히 그의 삶은 그가 '믿지 않는 대로' 흘러간다. 그는 스스로를 믿지 못하는 그대로, 미래에 대한 불안감을 가지고 고통 속에서 하루하루를 살아간다. 오직 '열심'으로만 모든 걸 성취하려고 한다. 운과 같은 요소는 전혀 고려하지 않기 때문에 그저 '죽을 만큼' 애를 쓰는 것만이 정답이라 믿는다. 행복하게 일하는 것 따위는 없다. 무조건 힘들게 살아야 한다는 관념은, 그의 삶 속에 현실로 나타난다. 어찌어찌 성과를 쌓아가고 있지만 문제가 생긴다. 번아웃이 찾아오거나 과로로 인해 건강을 해치게 되는 것이다.

한편 끌어당김과 실행의 비율을 1:99로 설정하고 균형을 잡고 사는 C가 있다. 그는 하루에 5~10분 정도 끌어당김, 마음챙김, 기도, 묵상, 명상 등 여러 가지 이름으로 불리는 방법을 실행한다. 아침에 일어나자마자 고요한 곳에서 잠시 눈을 감고 심호흡을 하며 신체와 정신을 편안하게 한다. 불안한 마음을 받아들이고, 다시 놓아준다. 마음이 안정적인 상태가 되었을 때, 본인이 꿈꾸고 원하는 미래를 생생하게 보고, 듣고, 맡고, 느낀다. 이제 천천히 눈을 뜨고 하루를 시작한다.

거의 매일 이와 같은 과정을 거치는 그는 나머지 16시간 동안에는 편안하게 일에 집중하려고 한다. 당장의 현실만 바라보는 것이 아니라 무의식에 새겨진 미래를 생각하며 마음의 균형을 잡는다. 물론 중간에 흔들리기도 한다. 암초와 같은 상사의 질책, 후배의 일탈, 업무 꼬임, 고객 컴플레인에 흔들릴 때도 있지만, 그는 한번 더 균형을 잡아보려고 호흡을 가다듬는다.

무엇보다 그는 본인이 살아가는 인생의 목적지와 주요 업무 성과를 위한 이정표를 알고 있다. 하루하루 주어진 경로에 맞춰 이동한다. 아주 느린 걸음이지만, 그가 살아온 1년, 3년, 5년, 10년을 돌아보았을 때, 몇 년 전에 계획한 대로 나아가고 있다.

어떤가? 위의 사례는 가상이지만, 생각해보면 주변에 이와 같은 사람이 한 명 정도는 있을 것이다.

A는 B에 비해 이룬 것이 전혀 없을 수 있다. 실제로 행한 것은 없기 때문이다. B는 A에 비해 아웃풋이 비교할 수 없을 만큼 많을 것이다. 하지만 B는 번아웃이라는 장벽을 만날 수 있다. C는 어떨까? 좀 더 편안하게 지속적으로 앞으로 나아가는 힘이

느껴지는가?

과거의 나는 B의 모습으로 살았다. 그 이후에 수많은 자기계발서에 공통적으로 나오는 일부 내용을 그대로 시도해보았다. 그렇게 C의 모습을 따라가기 위해 몇 달, 몇 년을 노력한 끝에, 균형을 지키면서도 눈에 보이는 성과를 만들어낼 수 있었다.

나는 끌어당김과 행동의 비율을 1:99, 1:90, 1:50 정도로 유지할 것을 제안한다. 이 비율이 어렵다면 하루에 5분~10분 정도만 눈을 감고 천천히 숨쉬기를 해보는 걸 추천한다. 잠시 동안의 이완을 통해, 편안한 정신 상태를 유지할 수 있는 균형감을 얻을 수 있을 것이다. 또한, 자연스럽게 흘러가는 상황을 통해 예상치 못한 아웃풋도 만날 수 있을 것이다. 결과적으로, 좀 더 행복한 삶을 위한 균형을 잡는 데 도움을 줄 것이다.

만약 당신이 현재 0:100으로 살아가고 있다면, 다음 장에서 이어질 내용을 눈여겨보아야 할 것이다. 당신이 1의 스위치를 켜는 데 도움을 줄 것이다.

꿈이 현실을 끌어당긴다

현재 당신이 있는 곳의 주위를 둘러보자. 주황색으로 된 물건은 몇 개가 있는가? 이와 같은 질문을 받는 순간, 당신은 주황색을 찾기 위해 집중하기 시작할 것이다. 이 질문을 받기 전까지는 사물의 색에 대해 전혀 신경 쓰고 있지 않았는데 말이다.

일상에서 우리는 이와 같은 상황을 자주 경험한다. 내가 무언가 원하는 물건을 사려고 마음먹으면, 그 물건만 보인다. 주짓수를 취미로 하면, 주짓수 수련자들만 보인다. 영어 공부에 몰입하면, 온통 영어 공부에 관한 것만 보게 된다. 사업가는 세상을 사업적 관점으로 본다. 게임에 빠져 있을 때는 게임에 관한 정보만 머릿속에 들어온다. 의자를 바꾸려고 할 때는 가는 곳마다 온통 의자들만 보인다. 자동차를 바꾸려고 마음먹으면, 거리에 내가 사고 싶어 했던 차가 이렇게 많았나 싶을 정도로 그 차종만 계속 눈에 띌 것이다.

앨런 피즈Allan Pease와 바바라 피즈Barbara Pease가 쓴《결국 해내는 사람들의 원칙》에 따르면, 이와 같은 상황은 '망상활성계인 RASReticular Activating System' 때문이다. 망상활성계는 뇌간에 위치한 신경 네트워크로, 주의집중력과 각성 수준에 영향을 준다.

우리가 잠재의식 속에 목표를 새겨 놓으면, 망상활성계가 마치 자율 주행 시스템과 같이 우리의 몸과 마음을 자연스럽게 목표로 이끈다는 것이다. 그러니 더 또렷하고 선명한 목표를 세워라. 그러면 우리의 뇌는 더 정확하고 빠른 길로 우리를 그곳까지 인도할 것이다.

나는 보통 매년 초에 연간 목표를 세운다. 그리고 그 목표를 책상 앞에 붙여 두고, 매일 의식적으로 그것을 보면서 무의식에도 불어넣는다. 본격적으로 이 루틴을 시작한 것은 2009년부터였던 것 같다. 벌써 15년 이상 진행하고 있다.

2009년 대학교에 복학했을 당시, 나는 몇 가지 목표를 세웠다. 모든 과목에서 A+ 받기, 복수 전공하기, 연애도 포함되었다. 2010년에는 유럽 여행을 포함한 해외여행 가기 등이 있었고, 이후에는 외국계 회사에 취업하기가 리스트업되었다. 목표는 계속해서 추가되었다. 목표 연봉액을 받으며 이직하기, 배우자 만나기, 결혼하기, 전세가 아닌 자가 집 갖기, 상위 10~20% 평가에 해당하는 '상위 평가Highly Successful' 받기가 추가되었다. 이후에는 건강한 아이 갖기, 퇴사하고 내 사업 시작하기도 있었다. 갖고 싶은 자동차나 이사 가고 싶은 집의 사진을 벽에 붙여 놓기도 했다.

그래서 나는 종이에 쓴 모든 것을 이룰 수 있었을까? 아니다. 그렇다면 나의 이러한 의식적 행위는 무의미한 것이었을까? 그것도 아니다. 나는 종이에 쓴 목표를 평균 50~60% 달성했다. 이러한 사실을 알게 된 이후에는 항상 목표의 3~4배 더 높은 수치를 적었다. 100% 다 이루어지지 않아도, 절반만 이루어도 성공할 수 있도록 말이다. 그렇게 매년 목표를 몇 개씩 이루다 보니, 대학교 때는 모든 과목에서 A+를 받은 적도 있다. 고3 때는 폐 수술을 한 이후 의사가 중량 운동을 하면 안 된다고 했지만, 나는 할 수 있다고 믿었다. 그래서 운동으로 53~55kg이었던 마른 몸을 65~71kg까지 키우기도 했다. 또한 에델만코리아에 입사했고, 인턴 서바이벌 경기에서 살아남아 정직원이 되었다.

대학교 재직 중에 적었던 종이에는 나이키와 같은 레벨의 회사에 취직하는 것도 목표에 들어가 있었다. 나이키는 나 스스로도 '가능할까?'라는 생각이 드는 꿈의 회사였다. 가까운 지인을 포함한 주변 사람들은 나를 그저 몽상가로만 봤다. 예상보다 시간은 더 걸렸지만, 결국 나는 나이키의 마케터가 되었다. 그리고 나이키에서 3년 연속으로 상위 평가를 받았다. 퇴사를 하고 사업가로서의 첫발을 내디뎠다. 이 모든 게 매년 새해 목표를 쓴 종이에 적혀 있던 것들이다.

"이렇게 하고도 이루어지지 않으면 어떻게 하나요?
스스로에게 너무 실망하지 않을까요?"

우리 집을 방문한 사람들이 내가 만든 비전보드의 목표를 보면서 자주 했던 말이다. 이대로 이루어지지 않으면 뭐 어떠한가? 실망 좀 하면 어떠한가? 돈이 들었나? 인생에서 큰 실패를 하게 되었나? 목표를 적고 매일 아침 그것을 읽고 간절히 바라는 단 몇 분의 시간을 투자하는 것으로 올 한해 퍼포먼스를 올릴 수 있는 확률을 높이고, 작년보다 작은 한 걸음이라도 더 나아간 삶을 살 수 있다면 수익률이 어마어마한 투자이지 않은가? 혹시 아는가? 원하는 배우자를 만나고, 원하는 직장으로 이직을 하고, 원하는 수준의 연봉을 받게 될지. 목표를 손으로 직접 쓰는 사람이 그것을 이룰 확률이 높다는 이야기는 지금까지 지겹게 듣지 않았는가? 그것이 사실이든 아니든 목표를 적고, 바라보고, 매일 조금씩 실행하는 당신은 어떤 결과를 만들어낼까? 적어도 그렇지 않은 당신보다 무언가를 이룰 확률이 높아지는 건 자명하지 않은가?

망상활성계를 활용해 나의 무의식을 목표로 이끄는 방법에는 여러 가지가 있다. 연간 목표 적기 외에도, 시각화, 확언, 목표 100일 100번 쓰기가 있다. 이 중에서 15년 동안 계속해온 연간 목표 적기는 확실히 그 효과를 보았다.

인풋과 아웃풋의 황금비율

마케팅 관련 책을 100권 이상 읽었다고 하는 사람의 영상을 우연히 본 적이 있다. 그런데 그는 그렇게 쌓은 마케팅 관련 지식을 일상에서는 거의 활용하고 있지 않았다. 마케팅 책을 단한 권도 읽지 않은 사람과 별반 달라 보이지 않았다.

책을 1,000권 읽었다는 사람도 보았다. 그는 책 1,000권의 지혜를 갖고 있을까? 일부 내용을 알고 있을지는 모르지만, 그 역시 삶에 적용하는 것은 거의 없어 보였다. 그저 체크리스트를 채우기 위해, 혹은 읽은 책을 스펙처럼 쌓기 위해 강박적으로 읽는 것처럼 보였다.

강의 관련 영역에서도 마찬가지였다. 어떤 사람은 새로운 강의가 있을 때마다 달려갔다. 계속해서 강의를 들으면서 머릿속에 지식이 가득 찰 때까지 아무것도 하지 않았다. 스스로 계속해서 부족한 상태라고 여겼다. 책을 수만 권 읽고, 수백 건의 강의를 들으면 언젠가는 그 지식 너머 나만의 오리지널리티가 생길까? 통찰력을 얻게 될까?

반면 책을 전혀 읽지 않고 강의도 수강하지 않는 사람이 있다. 본인의 느낌대로 '실행'과 '경험'만 한다. 이들은 자신이 경험한 것을 가장 중요하게 생각한다. 이들 중 일부는 유전적 성향, 다양한 지능적[21] 요소와 감각을 타고난다. 동시에 운과 때를 잘 만나기도 한다. 덕분에 좋은 결과를 만들어낸다. 여기서 익스트리머(열정론자)로 진화한 일부 사람들은, 이론, 지식, 배움의 무용함을 주장하기도 한다. 모든 영역에서 오로지 경험만 강조한다.

---

[21] 여기서 말하는 '지능'은, 하버드 교육대학원 교수 하워드 가드너Howard Gardner의 '다중 지능 이론Multiple Intelligences Theory'을 배경으로 하고 있다. 그는 총 8가지의 지능이 있다고 주장한다. 사람마다 가지고 있는 지능적 특성과 조합이 다르다는 것이다.

실행과 경험 신봉자 진형에는 또 다른 부류의 사람들도 있다. 열심히는 하는데 계속해서 실패의 굴레 속에서 허덕이는 이들이다. 이들은 계속해서 실패를 반복한다. 최악의 상황은 열심히 할수록 실패의 골이 깊어지는 경우다. 실패의 영역은 다양하다. 본인 직업의 세부 기술뿐만 아니라, 인간관계, 커뮤니케이션, 마케팅, 영업 등 모든 것을 포함한다. 이 상황에서 잘못된 익스트리머로 진화할 경우, 몸이나 마음에 병을 얻기도 한다. 나는 위의 두 부류를 모두 이해한다. 두 부류에 모두 속해 본 경험이 있기 때문이다.

　　인풋에 무게 중심을 두던 때의 나는, 어느 순간 책이나 강의의 내용이 더 이상 내 삶에 들어오지 않는다는 것을 깨달았다. 당시의 나는 지식과 정보를 그저 머릿속에 집어넣기만 했기 때문이다. 내가 얻은 인사이트를 글로 쓰든 토론을 하든 숙고하여 내 것으로 만들고 실행하는 시간 없이 쌓아만 갔던 것이다. 그러니 삶에서 아웃풋이 있을 리 없었다.

　　반대의 경우는 책을 읽기 전까지의 내 삶이다. 나는 인턴 때부터 야근을 정말 많이 했다. 힘을 빼야 하는 일에서조차 항상 힘이 '팍' 들어가 있었다. 다른 사람에게 권한을 위임해야 하는 일조차 놓지 못하고 나 혼자 숨막히도록 일하기도 했다.

　　그러다 나만의 시스템을 만들고 나서는 균형을 찾기 시작했다. 인풋과 아웃풋의 비율을 2:8로 했을 때 가장 효과가 좋았다. 20%의 인풋이 있다면 80%의 아웃풋을 내놓는 것이다. 아웃풋의 대표적인 예로는 글쓰기, 토론하기, 직접 실행하기가 있다.

나는 먼저 글을 쓰기 시작했다. 책을 읽고 글로 정리하는 과정에서 내가 모르는 것이 무엇인지 깨달을 수 있었다. 또한 과거에 내가 어떤 점에서 부족했는지 분석하는 데 도움을 얻었다. 앞으로 어떻게 살아가야 할지 생각을 정리하고 목표를 정하는 데도 도움이 되었다.

글쓰기가 어려울 때는 토론을 하는 것도 좋다. 다른 사람과 책 내용에 대해 이야기하면서 내 생각을 덧붙이는 것이다. 저자의 의견에 동의할 때도 있고 반대 의견을 말할 때도 있을 것이다. 이를 통해 비판적 사고 습관을 기르고 주관을 갖는 것이다. 나는 주로 일상에서 가족들과 함께 가볍게 이야기를 나누며 토론을 진행했다. 드라마, 맛집 이야기와 같은 하나의 주제로 말이다.

마지막 단계는 인풋으로 얻은 지식을 직접 실행해보는 것이다. 이는 지식을 지혜로 만드는 가장 중요한 한걸음이라고 말할 수 있다. 회사 업무를 예로 들어 보겠다. 인풋에 해당하는 책 읽기와 강의 보기는 시장 조사다. 글쓰기와 토론하기는 미팅 혹은 기획이라고 할 수 있다. 직접 해보기는 필드에서 실행하는 실제 업무 단계다. 인풋만 있는 사람은 시장 조사만 하는 사람이다. 글쓰기와 토론 단계까지만 가는 것도 나쁘지 않다. 하지만 지식을 온전히 내 것으로 만드는 데는 아직 부족하다. 이 단계는 미팅과 기획만 하는 사람이라고 할 수 있다. 뭐든 실제로 해봐야 한다. 책 읽기, 강의라는 시장 조사를 통해 지식을 쌓고, 글쓰기와 토론하기를 통해 직접 실행할 리스트를 정리했다면, 이제는 해볼 차례다. 실제로 해보지 않으면 아무것도 이룰 수가 없다. 인풋은 아웃풋을 내기 위한 것이어야 한다.

이미 아웃풋을 낼 수 있는 시간과 에너지가 충분한 사람이라면? 20% 정도의 인풋을 추가해보는 건 어떨까? 앞서 설명한 'Be Water 마인드'로 지금의 체계를 조금씩 수정해가면서 말이다.

지금의 아웃풋 에너지를 유지한 채 실행 방향을 나에게 맞도록 1도만 수정해도, 당신의 성과는 퀀텀점프를 하게 될 것이다.

최대 인풋을 위한 최강 독서법

나이키 재직 당시, 매일 쏟아지는 수많은 이메일과 자료들을 해결해야 했다. 이때 도움이 된 것이 바로 '포토리딩Photo Reading'이라는 독서법이다. 포토리딩은 내가 직장생활과 육아를 하면서도 연간 평균 100권 이상의 책을 읽을 수 있었던 비결이다.

포토리딩은 미국의 폴 R. 쉴리 박사가 1985년에 개발한 독서법이다. 그의 저서는 전 세계 35개국에서 18개 이상의 언어로 번역되어 1백만 명 이상의 사람들에게 읽혔다. 애플, 3M, IBM, AT&T, 아메리칸 익스프레스 등 〈포춘〉지가 선정한 유수의 기업들에서 이 독서법을 배워갔다. 미국의 CBS 뉴스, 디스커버리 채널, 〈석세스〉 매거진에서 관련 내용을 다루기도 했다. 일본의 유명 사업가이자 베스트셀러 저자인 간다 마사노리 역시 그의 책《비상식적 성공 법칙》에서 포토리딩을 인생을 성공으로 이끄는 8가지 중요 습관 중 하나의 세부 방법으로 소개하고 있다.

포토리딩은 의식conscious mind과 비의식nonconscious mind의 영역을 전부 다 활용하는 '목적의식이 있는purposeful' 독서 방식이다. 총 5단계로 구성되어 있는 '포토리딩 홀 마인드 시스템Photo-Reading Whole Mind System'을 따른다. 이 중에서 3단계에 해당하는 것이 바로 포토리딩 단계이며, 각 단계를 요약하면 다음 페이지의 표와 같다.

포토리딩 홀 마인드 시스템에 익숙해지면, 독서에 대한 부담이 제로에 가까워진다. 그리고 나에게 꼭 필요한 정보만 텍스트에서 쏙쏙 빼낼 수 있다. 또한 책을 '모시고', 교과서 보듯이 달달 외우면서 기억하는 방식을 버릴 수 있다. 포토리딩은 내 안에 이미 정보나 인사이트와 같은 깨달음이 있어서 책을 통해 그것을 '만나는' 듯한 느낌을 갖게 해준다. 기존에 내가 찾지 못했던 내 안에 있는 것을 작가가 '알려주는 방식'의 패러다임으로 바뀌는 것이다. 다시 말해, 책이 주체가 아니라 내가 주체가 된다.

	단계	시간(분)	설명
1단계	준비하기 (Prepare)	1분	책을 읽는 목표를 명확하게 한다. '귤 기법'으로 편안한 '이상적 마인드' 상태를 만든다.
2단계	미리보기 (Preview)	30초~ 1분 30초	책의 경우 표지와 목차를, 기사의 경우 제목과 소제목을 빠르게 살펴본다. 핵심 내용을 파악하고, 책(자료)을 읽을지 말지 결정한다.
3단계	포토리딩 (PhotoRead)	5분	'3-2-1 메소드'를 통해, 몸과 마음이 편안한 상태로 들어간다. 포토리딩 전에, 집중, 영향, 목적 달성에 관한 확언을 한다. '포토포커스' 상태로 약 1초에 한 장씩 책장을 넘긴다. 포토리딩 후, 내용 흡수, 정보 처리, 정보 활용에 관한 확언을 한다.
4단계	다시보기 (Postview)	8~12분	(책을 기준으로 할 때) 목차와 책의 핵심 내용을 훑어보면서, 주요 내용을 빠르게 다시 파악한다. 책장을 빠르게 넘겨보면서, 10~20페이지 정도에 한 단어씩 찾아 '트리거 단어'로 적는다. 트리거 단어는 내게 와닿고, 끌리고, 궁금한 것으로 한다. 보통 한 권당 10~25개를 찾는다. 트리거 단어를 중심으로, 내가 궁금하거나 얻고자 하는 질문 3~8개 정도를 만든다.
5단계	활성화하기 (Activate)	6~20+분	10분~24시간 정도 휴식 시간을 갖는다. 써 놓은 질문을 다시 검토해본다. 이후 다양한 읽기 전략을 사용해 읽는다. 슈퍼리딩과 디핑(Super Reading and Dipping), 스키터링(Skittering) 테크닉을 활용해 질문에 대한 답을 찾는다. 책 내용과 필요에 따라 마인드맵을 그린다. 처음부터 끝까지 읽기를 원할 경우, 래피드리딩(Rapid Reading)으로 원하는 시간만큼 할애해 읽는다.

개인적으로는 책 한 권을 읽는 속도가 본격적으로 독서를 시작했을 당시와 비교하면 10배 정도 빨라졌다. 어느 정도 익숙한 내용의 일반적인 분량의 책이라면 1시간 정도면 읽을 수 있다. 또한 책을 반복해서 여러 차례 다양한 전략으로 읽다 보니 이해력과 기억력이 향상되었다. 또한 과거에는 생각하지 못했던 속도로 다양한 영역의 정보와 지식을 흡수하며 배우고 있다.

포토리딩은 다른 속독법과 달리 한 가지 특별한 매력이 있다. 독서의 모든 과정이 정말 '편안하게' 진행된다는 점이다. 포토리딩은 모든 독서를 편하게 만드는 치트키와 같다. 스트레스를 받으면서 읽지 않는다. 책, 신문, 교과서, 전공 서적, 전문지, 논문, 회사 자료와 같은 종이 문서에서부터 PDF 파일, 게시판 글, 블로그, 소셜 미디어 포스팅 등의 디지털 텍스트에 이르기까지, 어떤 종류의 글이든, 노트북, 아이패드, 아이폰을 포함한 어떤 기기에서든, 훨씬 더 편하고 쉽게 읽을 수 있도록 해준다.

나는 지금까지 독서법 관련 도서를 30권 이상 읽고 다양한 방식을 직접 시도해봤다. 그러다가 미국의 포토리딩 창시자 폴 R. 쉴리 박사에게 약 1년 동안 포토리딩을 직접 배우고 익힌 후에는 포토리딩 홀 마인드 시스템에 정착했다. 기존에 내가 가진 독서법을 버릴 필요도 없었다. 오히려 결합해서 시너지를 냈다.

나는 독서, 공부, 학습, 문해력 등으로 어려움을 겪는 사람들에게 포토리딩을 알리고 싶었다. 그래서 2023년에 LSC 공인 포토리딩 지도자 과정을 밟기 시작했다. 약 4개월 동안 준비했고, 영어로 시범 강의를 하는 영상을 찍어 폴 R. 쉴리 박사에게 보내 검수를 받기도 했다. 지도자 과정 중에는 140쪽이 넘는 영문 PPT 자료와 워드 파일 80페이지 분량의 영문 스크립트를 직접 번역하여 세미나의 기틀을 마련했다. 그리고 2024년 3월에 LSC 공인 포토리딩 지도자가 되었다. 최근에는 포토리딩 최신판을 직접 번역해 출간했다.

　　　포토리딩을 가르칠 수 있는 사람은 2024년 5월 기준 전 세계에 63명뿐이다. LSC 공인 지도자로서, 현재 한글로 이 강의를 할 수 있는 사람은 아직은 내가 유일하다. LSC 공인 포토리딩 지도자는 신경 언어 프로그램Neuro-Linguistic Programming을 포함한 특별한 교수법을 훈련받는다. 또한 창시자가 제작한 강의 스크립트를 최대한 따라서 진행하여, 폴 쉴리 박사가 고안한 교육 방식을 그대로 전수한다. (따라서 단순히 포토리딩 세미나에 참석했다고 해서 해당 프로그램을 진행할 수는 없다.)

　　　그렇게 나는 LSC 공인 포토리딩 지도자 자격을 취득한 후 포토리딩 세미나를 개최하기 시작했다. 지금까지 9번 진행한 세미나에 참석한 수강생들 중 97%가 세미나 당일에 약 2~9배 빨라진 독서 속도를 보여주었다. 그들은 내가 느꼈던 것과 같이 '편안한 상태'에서 훨씬 더 빠른 속도로 원하는 정보를 얻어갈 수 있게 되었다.

뿐만 아니라 포토리딩 3단계만으로도 정보를 흡수하는 '직접 학습Direct Learning'을 경험한 수강생도 등장했다. 한 수강생은 골프 관련 책을 포토리딩하고 처음으로 골프를 쳤는데, 공이 계속 잘 맞아서 코치를 비롯한 주변 사람들을 놀라게 했다고 한다. 포토리딩 책에도 역시 이와 같은 직접 학습의 사례가 여러 차례 소개되고 있다. (국내 수강생 중에서는 첫 사례다.)

나는 수업 대상을 확대해 지금은 학생들에게도 포토리딩을 기반으로 한 독서와 글쓰기 시스템을 가르치고 있다. 두 달 정도 수강한 아이들의 독서 속도는 3~10배 이상 빨라졌고, 독서량도 이와 비슷한 비율로 늘었다. 독서 속도가 빨라졌음에도 전통적인 방식으로 읽을 때보다 책의 내용을 더 잘 기억하고 있다는 것도 눈여겨볼 만하다. 최근 폴리매스아카데미에서 포토리딩 학습법으로 공부하는 학생들의 성적도 오르고 있다. 한 초등학교 5학년 아이는 두 달 만에 사회 점수가 20점에서 85점으로 올랐다. 수학 점수도 같이 올라서 80점에서 95점이 됐다.

과목수가 늘어나는 초등학교 3학년이 되고 나서 학습을 전반적으로 힘들어하던 한 남학생은 두 달 수강 후에 전 과목이 쉽게 느껴진다고 말했다. 모든 과목에서 '매우 잘함' 평가를 받았고, 특히 국어 단원평가에서는 처음으로 100점을 맞았다.

초등학교 6학년 학생의 경우에는 공부 시간이 1/3 줄었음에도 영어 단어 테스트에서 100개 중 97개를 맞추면서 20명

중 1등을 했다고 전했다.

또한 초등학교 5학년인 한 친구는 포토리딩 직접 학습의 영향으로 그림을 더 잘 그리게 되었다. 악보 보는 것도 어려워 하던 한 초등학교 3학년 학생은 이루마의 피아노곡 악보를 2주 만에 다 외우고 실수 없이 연주했다고 한다. 또 다른 초등학생은 축구 실력이 향상되었다고 알려주었다.

포토리딩에 대한 좀 더 자세한 내용은 창시자 폴 R. 쉴리 박사가 쓰고 내가 번역한 《포토리딩》 책에 담겨 있으니 참고해 보기 바란다. (만약, 개인, 팀, 조직 차원에서 포토리딩을 제대로 배워 보기 원한다면, 내가 진행하는 세미나 혹은 강의도 참고해보라.)

글로 쓰며 실행하라

2020년 6월 말부터 12월 말까지, 나는 6개월 동안 100권 의 책을 읽었다. 한 권을 다 읽으면 그 책의 내용을 하나라도 실 행해보려고 했다. 업무 방식에 변화를 주기도 하고 생각을 바꿔 보기도 했다. 당시 나는 스스로를 이 세상을 살아가는 연기자라 고 생각했던 것 같다. 이 세상은 무대이며 내가 읽은 책은 새로 운 각본이고, 나는 그것을 연기하는 배우라고 생각했다. 이런 마 인드로 책을 읽고 실행하면서 빠르게 성장할 수 있었다.

글쓰기도 나의 성장에 큰 도움이 되었다. 사실 '글을 쓰겠어!'라고 대단한 마음을 먹고 시작했던 것은 아니다. 책을 읽다 보니 자연스럽게 독후감을 쓰기 시작했다. '쓸 수밖에 없었다'는 표현이 좀 더 적절할 것 같다. 약 50권의 책을 읽었을 당시에는 내가 가진 과거의 세계관에 지진이 일어나는 것만 같았다. 기존의 사고관이 무너졌다. 한 권 한 권 새로운 책을 읽을 때마다 생각의 변화가 있었기에 정리를 하지 않을 수 없었다. 이러한 새로운 생각의 조각들을 글로 정리하는 작업을 통해 흩어진 세계관에 새로운 내용을 조합하고 붙여 넣으며 빠르게 재정립하고 발전시킬 수 있었다.

나는 2020년 6월 말부터 2022년 6월까지 2년간 책을 읽고 글을 썼다. 2년 동안 262권의 책을 읽고, 3개의 블로그에 약 270건의 포스팅을 남겼다. 책으로 저자와 만나며 내가 갖고 있는 생각과 비교하면서 재정리하는 작업을 거쳤다. 모두 직장 생활과 육아를 병행하면서 한 일들이다. 이것이 가능했던 것은 모두 앞서 소개한 STEF 시스템 덕분이다.

책과 함께한 글쓰기 덕분에 생각을 정리하고 글로 표현하는 스킬이 생기면서 업무 처리 속도가 전반적으로 향상되었다. 왜 정약용, 마키아벨리, 레오나르도 다빈치와 같은 대단한 사람들이 책을 읽고 글을 쓰며 생각을 정리했는지 조금이나마 체감할 수 있었다. 업무 처리 속도는 과거와 비교해 4배 이상 빨라졌음을 느꼈다. 의사 결정력도 3배는 나아졌다고 느꼈다. 인간을 이해하는 폭이 넓어져 스트레스도 줄었다. 영어 공부를 따로 하지 않았음에도 영어로 듣기, 읽기, 말하기, 쓰기의 전체적인 실력이 향상되었다.

　　책 읽는 것도 힘든데 글쓰기까지 하라니, 분명 부담을 느끼는 사람이 더 많을 것이다. 글쓰기는 독서보다 더 어려운 것이 사실이니까. 나도 85권 이상의 책을 읽고 독후감을 남기면서 글쓰기는 결코 쉽지 않은 일임을 절감했다.[22] 그럼에도 책 내용을 글로 정리하는 일은 큰 이점이 있기 때문에 추천한다. 먼저 책 내용을 장기적으로 기억할 수 있게 해준다. 글을 쓰는 과정에서 전혀 생각하지 못했던 아이디어가 떠오르기도 한다. 나의 경우, 책의 내용 중 직접 실행해볼 것들의 리스트를 정리할 수 있어서 좋았다. 독서를 통해 얻은 인풋을 강화하고 업무와 일상에서 직접 실행하는 단계로 가기 위한 다리 역할로써 글쓰기를 추천한다.

　　직장인으로 살다가 사업가가 되어 보니 글쓰기의 중요성을 더 뼈저리게 느끼게 된다. 초보 사업가로 콘텐츠를 제작하는 일은 세상이라는 정글로 뛰어들어 수풀을 헤집고 처음으로 길을 내는 일과 같다. 그리고 그 길을 여는 도구가 바로 글쓰기다.

나는 현재 4년 이상 글쓰기를 지속하고 있다. 그리고 이는 강연, 온라인 강의, 인터뷰, 펀딩 제안 등의 결과로 이어지고 있다. 지금 당신의 손에 들려 있는 이 책도 그렇게 세상 밖으로 나올 수 있었다. 만약 이번 파트를 읽으며 마음이 움직였다면, 이제 당신이 '현명한 투자자'가 될 차례다. 이 책을 덮는 순간부터 글쓰기를 시작하라.

5, 4, 3, 2, 1, 시작!

멜 로빈스Melanie Robbin가 쓴 《5초의 법칙》이라는 베스트셀러가 있다. 내용은 아주 간단하다. 5, 4, 3, 2, 1 숫자를 세고, 바로 실행하라는 것이다. 저자는 마흔한 살일 당시에 실직 상태였고 경제적 파탄에 이르렀으며, 심각한 불안증과 알코올 문제로 고생하고 있었다. 그러던 어느 날 그녀는 우연히 TV에서 로켓이 발사되는 장면을 보게 되었다.

"5, 4, 3, 2, 1, 발사!"

매일 밤 늦게 잠들고, 아침에는 불규칙적으로 일어나던 그녀는 이 장면을 본 이후 자신의 삶에 아주 작은 변화를 주기로 마음먹는다. 그리고 다음 날 아침, 평상시보다 일찍 일어나기로 마음먹은 그녀가 쓴 방법은 아주 단순했다.

"5, 4, 3, 2, 1, 기상!"

그녀는 아침 알람이 울리자 연장 버튼을 누르지 않고 다섯을 세고는 벌떡 일어났다. 작은 실행들을 달성하면서 긍정적인 결과들이 차곡차곡 쌓여 가기 시작했고, 결국 그녀는 본인의 커리어에서 성공을 거두게 되었다. 그리고 이런 내용을 바탕으로 TED에서 자신의 메시지를 전하며 세계적인 자기계발 명사가 되었다. 특히 '5초의 법칙'은 강연 중에 아주 잠깐 언급되었음에도 사람들에게 큰 반향을 일으켰다.

나는 이 법칙을 알고 나서 생각날 때마다 직접 적용해보기 시작했다. 그리고 덕분에 이른 아침 기상, 100권 독서와 같은 목표를 달성할 수 있었다. 책 읽기, 유튜브나 인스타그램 중독에서 벗어나기 등 이 모든 것 역시 '5초의 법칙'을 적용해서 해낼 수 있었다. 아침 기상이 습관이 되는 데도 큰 도움이 되었다.

"5, 4, 3, 2, 1, 책 펴!"
"5, 4, 3, 2, 1, 쓸데없는 데 시간 쓰는 거, 그만!"
"5, 4, 3, 2, 1, 그냥 연락!"

중요한 것은 1, 2, 3, 4, 5를 순서대로 세는 것이 아니라 역순으로 세야 한다는 것이다. 바로 이 포인트에서 심리적 요인이 작용한다.

이 단순한 법칙은 우리 삶의 모든 상황에 대입하여 쓸 수 있다. 나에게 있어서는 여러 상황에서 심리적 관성과 저항력을 이기고 실행력을 5배 이상 끌어올릴 수 있도록 해준 방법이기도 하다. 말도 안 되게 단순하지만 도움이 되었던 방법이라 추천한다.

언제 어디서든 당신이 먼저다

당신에게 아이가 있다고 가정해보자. 당신은 현재 아이와 함께 비행기를 타고 목적지를 향해 날아가고 있다. 갑자기 비행기가 출렁출렁 흔들린다. 바이킹을 타는 것 같은 심각한 수준이다. 비행기 안 불빛이 깜빡거린다. 기체가 요동을 친다. 긴급 상황이 벌어진 것이다! 당신 앞자리에 있는 사람은 패닉에 빠져 비명을 지른다. 뒷좌석에 있는 사람은 눈을 질끈 감고 두 손을 모으고 있다. 기도를 하는 것 같다.

'대체 무슨 일이지?' 갑자기 숨이 턱턱 막혀온다. 숨을 쉬기가 어렵다. 비행기 안에 산소가 부족해진 것 같다. 방송 시스템마저 고장 난 것인가? 뭔가 안내 코멘트가 나오는 것 같지만 지지직거리는 소리만 들릴 뿐이다. 그리고 갑자기 사람들의 머리 위에 산소마스크가 툭! 하고 떨어진다. 점점 숨 쉬기가 어려워지는 사이, 본능적으로 사랑하는 내 아이가 생각났다. 그리고 우리 아이부터 챙겨야 하는데 하며 허둥대는 사이에 스르륵 눈이 감긴다.

위 상황에서 당신이 가장 크게 실수한 부분은 어디일까? 바로 산소마스크를 아이에게 먼저 씌우려고 한 것이다. 당신부터 쓰고 아이를 씌우는 것이 올바른 대응법이다.

우리는 직장에서 자주 비행기가 추락하는 상황과 같은 혼돈을 겪게 된다. K 과장은 오늘도 어김없이 회사에 출근한다. 오늘은 제발 좀 조용히 지나갔으면 좋겠다고 생각하면서. 조용히 내 일에만 집중할 수 있으면 좋겠다. 하지만 이런 생각이 떠오를 때면 어김없이 문제가 생긴다. 아니나 다를까, 갑자기 옆 팀에서 매출 관련 문제가 터진다. 그리고 우리 팀의 누군가가 이 문제의 해결을 떠맡아야 하는 상황이다. 우리 팀의 일도 아니고, 우리 팀의 성과가 될 만한 일도 아니다. 이 일을 한다고 인사 고과에서 좋은 평가를 받을 수 있는 것도 아니다. 앞자리에 앉아 있는 홍차장은 한숨을 푹푹 쉬기 시작한다. 뒷자리에 있는 이과장은 눈을 계속 빙빙 돌리며 팀장님과의 시선을 피하려고 눈치 게임을 시작했다.

아니 근데 이게 뭐지? 이번에도 팀장님은 나를 조용히 부른다. 이런 일이 한두 번이 아닌데 매번 나를 부른다. 그리고 내게 말한다. "이번 건 해결 좀 도와줄 수 있을까요?" 나는 나도 모르게 "네…"라고 답한다. 나도 왜 자꾸 내가 하겠다고 하는지 모르겠다. 하지만 옆자리 김사원에게 하라고 할 수도 없지 않은가? 그렇게 팀을 위해 내가 희생을 해야 할 것 같다. 산소가 부족한 팀에 산소마스크를 좀 씌워줘야겠다.

그리고 나는 그렇게 하루 종일 급하게 들어온 옆 팀의 일을 처리한다. 그 이후에 내 일을 시작할 수밖에 없다. 시계를 보니 밤 8시. 이런 상황이 계속 쌓이자, 결국 나는 평가에서 중간 정도의 점수만 받게 된다. 그리고 야금야금 사내 주요 프로젝트를 처리했던 A 과장이 모든 성과를 가져간다. '아… 번아웃이 올 것 같다.'

K 과장은 무엇을 잘못한 것일까? 다른 팀의 일을 받은 것 자체가 잘못일까? 아니다. 회사는 팀 단위로 일하는 곳이다. 애덤 그랜트가 책 《기브 앤 테이크》에서 말한 '테이커Taker'가 아닌 이상, 우리는 서로 도우며 일을 해야 한다. 처음에 산소마스크를 아이에게 씌우다 둘 다 위험에 빠지게 된 부모의 경우를 떠올려 보자. 비행기 안에서 부모가 먼저 산소마스크를 썼다면, 아마 본인도 살고 아이도 살렸을 것이다. K 과장이 본인의 일을 먼저 생각했다면, 강력하게 "No"라고 팀장에게 말할 수밖에 없었을 것이다. 그리고 그는 먼저 자신의 일을 끝마친 후에 동료를 돕거나

협업하여, 본인의 성과를 챙김과 동시에 팀에서도 산소 공급기의 역할을 할 수 있었을 것이다. 야근을 하지 않으면서 페이스를 이어가기 때문에 번아웃도 없었을 것이다.

　　우리 인생에서 이와 같은 상황은 생각보다 자주 발생한다. 주말에 아이에게 아침을 먹이겠다고 집중하다가 정작 본인은 굶는 엄마 A, 그녀는 결국 배가 고파 남편에게 투덜대기 시작한다. 가만히 있던 남편은 스트레스를 받는다. 그렇게 부부 싸움이 시작된다. 친구에게 버림받을까 두려워 부르면 언제든 튀어나가는 B, 어느 순간 친구들에게 이용만 당할 뿐 깊은 관계를 맺지 못하는 자신을 깨닫고 좌절한다. 사랑하는 여자친구에게 차일까 봐 항상 전전긍긍하는 남자 C, 그는 모든 걸 여자친구에게 맞춘다. 회사 일이든, 자기계발이든, 친구 모임이든, 여자친구가 부르면 모든 스케줄을 조정해가면서까지 만나러 간다. 아이러니하게도 그의 여자친구는 그런 그에게 매력을 느끼지 못하고, 결국 남자는 이별을 통보받는다. 회사에 인생을 전부 다 바친, 만년 부장 D, 그는 아내, 아이, 개인의 건강, 친구와의 시간, 가족과의 시간보다 항상 회사가 우선이었다. 회사 일 외에 모든 일은 뒷전이었다. 그런데 어느 날 해고 통보를 받는다.

　　위 사례는 실화를 기반으로 각색해서 적은 내용이다. 우리 주변에도 이와 같은 사례는 얼마든지 있다. 산소마스크는 반드시 당신이 먼저 써야 한다. 그 다음에 다른 사람들을 돌봐야 한다. 가정에서, 인간관계에서, 회사 업무에서. 남들에게 버림받거나 비난받는 것을 두려워하지 마라. 물론 어린 시절 트라우마, 깊은 상처, 가스라이팅 등으로 인해 무의식적으로 남을 먼저 돌보게 된 사람도 있을 것이다. 자신의 내면을 가만히 들여다보라. 미움받아도 괜찮다고 스스로를 위로해주자. 그리고 이 장을 덮는 순간부터, 항상 당신 스스로에게 가장 먼저 산소마스크를 씌워주기 바란다. 직장에서, 그리고 당신의 인생에서.

5장 요약

1. 끌어당김:실행의 균형 비율은 1:99 정도로 진행하라. 무의식에 목표를 채우는 일을 아주 적은 비율로라도 꼭 실천하라. 실행은 목표로 가는 엔진이다. 실행하는 만큼 그 방향으로 나아갈 것이다.

2. RAS(망상활성계)를 기억하자. 당신의 의식을 목표로 이끄는 방법을 동원하라. '연간 목표 쓰기'는 내가 15년 동안 경험하고 있는 좋은 방법이라 추천한다. 그 외 시각화, 확언, 100일 100번 쓰기도 있으니 참고하라.

3. 인풋:아웃풋의 비율은 2:8로 제안한다. 인풋 중독에 빠지지 않도록 주의해야 한다. 당신은 이미 충분하다. 그러니 곧바로 작게라도 무언가를 시작하라. 반대로, 방법을 알려주는 강의나 책에 너무 회의적인 태도를 가질 필요도 없다. 당신의 생각과는 다르게 의외로 빠르게 가는 방향을 배울 수도 있다.

4. 정보 처리 치트키인 포토리딩을 익혀라. 2배~10배 더 빨라진 정보 처리 속도에 더 나아진 문해력과 정보 기억력을 얻을 수 있을 것이다. 어쩌면 당신의 삶이 바뀔지도 모른다.

5. 실행을 위한 글쓰기로 내용을 좀 더 오래 기억할 수 있다. 또한 책을 읽고 그 중 직접 실행할 리스트를 정리하는 일은, 당신의 삶에 변화를 가져올 아웃풋을 효과적으로 만드는 데 도움이 된다.

6. 무언가를 하는 데 심리 저항이 있을 때는 "5, 4, 3, 2, 1. 실행!"을 외쳐라. 그리고 실행하라.

7. 다른 사람들보다 당신을 우선으로 챙겨라. 산소마스크는 당신이 가장 먼저 써야 한다.

에필로그

아웃풋 시스템을 통해 하이퍼포머가 될 당신에게

먼저 이 책을 완독한 당신에게 박수를 보낸다. 그러나 책을 읽는 것만으로는 삶이 바뀌지 않는다는 것을 당신 또한 잘 알 것이다. 이 책을 읽은 당신의 현재 인풋:아웃풋의 비율은 10:0이다. 이제 아웃풋으로 만들어 균형을 맞출 차례다. 이를 위해 가장 먼저 이 책의 내용에서 와닿았던 부분을 바탕으로 자신의 생각을 마인드맵으로 정리해보기 바란다. 아니면 블로그나 개인 공간에 글로 정리해보는 것도 좋다. 독서 모임이나 가정에서 편안하게 이야기를 나누어도 좋다. 이 단계까지 갔다면, 훌륭하다!

하지만 이 역시도 실제적인 변화를 이끌어내기에는 살짝 부족하다. 한 단계가 더 남았다. 이 책을 통해 얻은 정보를 직접 적용해볼 차례다. 이 책을 읽는 데 쓴 시간이 5시간이라면, 최소

20시간은 책의 내용을 일상에 녹여내는 데 써보기 바란다.

우선 한 가지만 해봐도 괜찮다. 가장 쉽다고 느껴지는 것을 실제로 해보기 바란다. 하나를 했다면, 다음 것을 하는 일은 더 쉬울 것이다. 차근차근 스몰 스텝 전략에 따라 작은 일부터 하나씩 실행해보기 바란다. 당신의 실행을 위한 체크리스트를 부록으로 추가했다. 또한 이러한 아웃풋 시스템을 루틴으로 만드는 데 도움이 될 만한 책도 함께 정리해두었다.

이 모든 걸 다 완벽하게 강박적으로 할 필요는 없다. 그저 편안하게, 'Be Water 마인드'로 시도해보고 놓아라. 성과를 내는 방법에 있어서 당신의 절권도, 당신만의 MMA 경기를 펼쳐나가길 바란다. 당신과 내가 언제, 어디서, 어떻게 만날지 모르겠지만, 우리가 만났을 때 "책 잘 읽었어요!"라는 말을 넘어 "책의 내용을 실제로 적용했더니 제 삶에 변화가 있었습니다. 균형을 잡으면서 좀 더 발전적인 삶을 살게 되었습니다!"라는 말을 들을 수 있다면 무척 행복할 것이다.

과거 익스트리머로 살면서 내가 경험했던 많은 실패와 고난의 시간을 당신은 겪게 되지 않기를 바란다. 나의 이야기와 아웃풋 시스템이 당신이라는 옥토의 밑거름으로 자리 잡길 바란다. 당신이 작은 행동이라는 씨앗을 심고, 성과라는 열매를 보게 되길 진심으로 바란다. 성공한 밸런서로서 좀 더 풍요로워진 우리의 삶을 꿈꿔본다. 계속해서 성장할 당신을 진심으로 응원한다.

감사의 말

그동안 직장과 삶에서 만난 모든 인연에게 고마운 마음을 전하고 싶다. 나는 20대 때부터 '40대가 되기 전에 책을 쓸 거야'라고 말하고 다녔다. 무슨 책을 쓸지, 어떻게 쓸지 준비된 것은 없었다. 그저 말만 하고 다녔다. 그리고 이 말은 현실이 되었다. 이것을 가능하게 해준 토네이도 출판사와 담당 편집자에게 감사하다.

이 책은 와디즈에서 펀딩을 진행했던 전자책 《히든 메소드》가 없었다면 탄생할 수 없었다. 전자책 내용을 다 채우기도 전에 나를 믿고 펀딩해준 393명의 서포터 분들에게 진심으로 감사하다. 무명이었던 나에게 기회를 준 와디즈 이은정 PD님께도 감사한 마음을 전하고 싶다.

나이키에서 드림팀을 이끌며 늘 든든한 형님의 모습을 보여준 과거 나의 팀장님, 현재는 쿠팡에서 헌신하고 계신 문진섭 상무님께 감사의 말씀을 전하고 싶다. 나이키 재직 당시 내가 속했던 팀의 구성원은 모두 하이퍼포머였다. 그런 팀 안에서 상위 평가를 받을 수 있었던 것은 나를 믿고 지지해준 리더들 덕분이었다. 마케팅 디렉터 최수연 님과 구지민 님께 감사의 마음을 전한다.

내가 힘들던 시기에 함께했던 분들께도 진심으로 감사의 마음을 전하고 싶다. 나이키에서 다양한 신기록을 경신하며 함께 프로젝트를 진행했던 멋진 동료들의 얼굴이 떠오른다. 모두에게 고맙다는 말을 전하고 싶다.

너무나 부족했던 나를 믿고 성장 과정을 묵묵히 지켜봐 준 에델만코리아의 상사, 임원, 선배님들께 감사의 마음을 전한다. 함께한 동료, 후배들을 통해서도 많이 배울 수 있었다.

사랑, 믿음, 지지로 키워주신 덕분에 높은 자존감을 가진 인격체로 성장할 수 있게 해주신 나의 부모님께 감사드린다. 물심양면으로 지지를 아끼지 않으셨던 장인, 장모님을 포함한 가족들 모두에게 감사하다. 아빠라는 정체성을 심어주고, 삶의 동기를 부여하는 사랑하는 아이들에게도 고맙다. 가진 것이 아무것도 없는 나를 만나, 어떤 결정이든 믿고 지지해 준 아내에게 진심으로 감사하다. 아내의 믿음과 지지가 없었다면, 아마 이 책은 세상에 나올 수 없었을 것이다. (고맙고, 사랑해.)

마지막으로 방황의 길을 걸을 때에도 묵묵히 기다려주시고 늘 새 힘을 주시는 하나님께 이 모든 영광을 돌린다.

부록

당신의 아웃풋 루틴을 위한 체크리스트

자기계발서나 실용서는 어떤 면에서는 일종의 설명서나 매뉴얼 북과 같다. 이 설명서를 읽은 당신, 이제는 스스로를 직접 작동하여 행동으로 옮길 차례다. 혹시 이 책을 읽으며 마음이 움직인 부분이 있는가? 아쉽게도 그 마음은 이 책을 덮는 순간 순식간에 사라질 수도 있다. 하지만 지금부터 소개하는 리스트를 직접 체크하며 실행해 나가면, 실제로 변화하는 삶과 업무 성과를 보게 될 것이라 확신한다.

아래 리스트는 총 30개로 구성되어 있다. 하나씩 직접 체크해 가면서 본인의 시스템을 구축해보길 바란다. 꼭 순서대로 진행할 필요는 없다.

처음에는 그저 끌리는 것 단 하나만 직접 해보기 바란다.

그리고 다음으로 할 만한 것을 다시 선택하고 실행하라. 이 리스트를 곁에 두고 실행해 나가면서 인풋을 통해 생각을 바꾸고, 행동을 바꾸고, 습관을 바꾸는 방법을 익혀라.

열정에 대한 생각 정리하기

□ '열정이 있다면 모든 걸 이룰 수 있을까?'에 관해 개인적으로 생각을 정리해본 적이 있다.

꾸준히 성공하는 시스템 다지기

□ 'Be Water 마인드'로 새로운 것을 시도해보았다.

□ 뇌와 신경가소성에 관해 설명할 수 있고, 이 개념을 삶에서 직접 경험 중이다.

□ 충분한 수면을 취하고 있다.

□ 사분면 시스템을 실제로 적용하고 있다. 특히, 2사분면과 3사분면에 집중하고 있다.

□ 운동을 하면서, 뇌 최적화를 진행하고 있다.

□ 무리하지 않는 수준에서 식단 관리를 하면서, 생산성 최적화를 진행하고 있다. 상황에 따라 '스몰 스텝 전략' 등을 활용하여 운동 습관을 유지한다.

몰입과 이완

- [ ] 최대한 스위치태스킹을 피하면서, 한 가지 일에 몰입해 집중하여 일을 처리하려고 한다.
- [ ] 매일 업무를 처리할 때, 하이퍼포커스 모드로 집중하는 시간을 갖는다.
- [ ] 산책하기, 눈 감고 숨쉬기와 같은 이완 활동을 매일 한다.
- [ ] 내 일상 공간과 업무 환경은 늘 정리가 잘 되어 있다. 아닐 경우, 나는 언제든 편안하게 정리할 수 있다.

성과를 내는 실전 시스템

- [ ] 파레토의 법칙을 활용해 업무를 처리한다. 내게 중요한 20% 또는 1% 일에 '먼저' 집중한다.
- [ ] 파킨슨의 법칙을 일상에 적용해 일을 집중해서 처리한다.
- [ ] 자이가르닉 효과를 기억하고 일단 시작한다.
- [ ] 레버리지 전략을 활용해 업무 시너지를 낸다.
- [ ] 업스트림 전략을 기억하며, 단순히 일을 많이 하기보다는 꼭 해야 할 일을 파악하고 처리한다.
- [ ] 'MECE 사고 틀'을 삶과 업무에 적용한다.
- [ ] 마인드맵을 통해, 생각을 정리하고 문제를 해결한다.
- [ ] 뇌 과학, 심리학, 무의식 관련 책을 통해, 사람을 이해하고 분석하는 힘을 기른다.

☐ (상황에 따라) 오레오OREO 원칙을 글쓰기에 적용한다.

☐ (상황에 따라) 텐프렙TNPREP 법칙으로 명확한 커뮤니케이션을 한다.

☐ 필요할 때, 스타STAR 원칙을 기억하여 활용한다.

☐ '업그레이드 데이'를 통해, 나 자신을 R&D 한다.

아웃풋 시스템의 강화와 유지

☐ 끌어당김과 실행의 비율에 균형을 맞춰 살고 있다.

☐ RAS(망상활성계)를 기억하며, 매년 간단하게라도 '연간 목표 쓰기'를 한다.

☐ 인풋:아웃풋의 균형 비율은 2:8로, 인풋 중독에 빠지지 않고, 생산자로서 아웃풋을 만들어내고 있다.

☐ 포토리딩을 통해 지금보다 최소 2배~10배 더 빠르게 정보를 읽고 처리한다.

☐ 글쓰기를 하면서 장기기억을 하고 실행 에너지를 얻는다.

☐ '5초의 법칙'을 기억하며, 필요에 따라 '5, 4, 3, 2, 1, 실행!' 한다.

☐ '산소마스크 전략'에 따라, 어떤 일에서든 나를 우선으로 돌본다.

최고의 인풋을 위한 추천 도서

위 체크리스트와 함께 보면 좋은 책들을 선별했다. 이 리스트는 내가 일과 삶에 있어 균형을 잡으면서도 최선의 인풋으로 최고의 아웃풋을 낼 수 있는 시스템을 만드는 데 영향을 준 책들 중 일부이다. 효과적으로 배우고 효율적으로 내보내는 당신만의 시스템을 만드는 데 도움이 될 것이다.

생산성

제목	저자	코멘트
포토 리딩	폴 R. 쉴리	'인생 치트키'라고 할 수 있을 만한 독서법이자 학습법인 포토리딩에 관한 책이다. 독서법 관련 책만 34권 읽으며 직접 테스트해본 결과, 이 방법이 최고였다.
나는 4시간만 일한다	팀 페리스	업무 성과와 관련해, 파레토의 법칙과 파킨슨의 법칙에 관해 배울 수 있는 책이다.
레버리지	롭 무어	내가 수년 동안 못하고 있던 '권한 위임'을 실행하도록 도와준 책이다.
멀티태스킹은 없다	데이비드 크렌쇼	영어 원제는 《The Myth of Multitasking》으로, 신화에서 벗어나 현실에서 몰입, 집중할 수 있는 방법을 가르쳐 준다.
하이퍼포커스	크리스 베일리	초집중을 위한 인사이트를 얻을 수 있다.

성공하는 사람들의 7가지 습관	스티븐 코비	영어 원제는 《The 7 Habits of Highly Effective People》로, 효과적으로 일하는 것이 효율적으로 일하는 것보다 중요하다는 것을 말하는 책.
메이크 타임	제이크 냅, 존 제라츠키	시간 관리법에 관한 책이다. 스마트폰 알림을 끄고 일에 집중하는 법, 바탕화면을 정리하며 생각을 정돈하는 법을 배웠다.
업스트림	댄 히스	때로는 일을 만들기보다, 하지 말아야 할 일을 안하는 것이 얼마나 중요한지 깨닫게 해줄 것이다.
토니 부잔의 마인드맵 북	토니 부잔, 배리 부잔	나이키 재직 중 풀기 어려웠던 복잡한 과제를 이 툴을 통해 풀 수 있었다. 사업을 하면서도 방사형 사고 틀을 적극 활용해 기획과 아이디어 디벨롭에 도움을 받고 있다.

커뮤니케이션

제목	저자	코멘트
스틱!	칩 히스, 댄 히스	'전 세계 마케팅 업계의 필독서'라 불리는 책. TV는 물론 유튜브, SNS에서 흘러넘치는 메시지의 홍수 속에서 살아남을 수 있는 카피, 메시지 제조법을 알려주는 책이다. 내 글쓰기는 이 책을 읽기 전과 후로 나뉜다.
넘버스 스틱!	칩 히스, 칼라 스타	과거 아이팟을 출시하며 '1,000곡의 노래를 주머니 속에'라는 카피로 대중을 사로잡았던 애플. 이 책은 이처럼 상대의 마음을 훔칠 수 있는 강력한 메시지를 만드는 스토리텔링 기술을 알려준다.

THE ONE PAGE PROPOSAL	패트릭 G. 라일리	저자는 장황한 기획서의 형식을 버리고 한 장 안에 완벽한 내용을 담는 '한 장 기획서'를 제안한다. 기획서만 간결해지는 것이 아니라, 사고법과 작성법, 보고법이 모두 논리 정연해진다. 나는 이 책을 통해 몇 주 걸리던 기획을 몇 시간 안에 정리할 수 있게 되었다.
150년 하버드 글쓰기 비법	송숙희	오레오OREO 원칙을 더 자세히 알고 싶은 사람들은 이 책을 읽으면 실제로 적용하는 데 더 도움이 될 것이다.
횡설수설하지 않고 정확하게 설명하는 법	고구레 다이치	텐프렙TNPREP 법칙 덕분에 의사소통을 더 효율적으로 할 수 있게 되었다.
돈이 되는 말의 법칙	간다 마사노리	'PASONA 법칙'이라는 개념을 소개한다. 쉽게 말해 '팔리는 메시지'를 만들고, 이것이 상대방에게 먹힐 수 있는 메커니즘을 알려주는 책이다. 나의 경우 이 책을 읽고 상세페이지 기획과 협업 제안서 작성이 수월해졌다.
당신의 세일즈에 SPIN을 걸어라	닐 라컴	세일즈 커뮤니케이션에 어려움을 느낀다면 이 책을 추천한다. 세일즈의 특징과 규모에 따른 효과적인 세일즈 방법을 알려주는 책이다.
말센스	셀레스트 헤들리	현란한 화법을 넘어 사람의 마음을 사는 16가지 '말센스'를 알려준다.

제목	저자	코멘트
데일 카네기 인간관계론	데일 카네기	인간관계론에 있어서는 그야말로 바이블과 같은 책이다. 사람들을 설득하는 방법부터 결혼 생활을 행복하게 만드는 비결까지, 다양한 관계에 대한 카네기의 통찰을 배울 수 있다. 나는 이 책 덕분에 벌통을 걷어차지 않으면서 꿀을 얻는 방법을 알게 되었다.

· 그밖에 심리학과 뇌 과학 도서를 함께 읽을 것을 추천한다. 커뮤니케이션 관련 지식과 시너지를 낼 것이다. 각 분야의 책을 최소 20권 이상 읽기를 권한다.

실행력

제목	저자	코멘트
5초의 법칙	멜 로빈스	너무나 간단한 이 법칙 덕분에 '시작 실행'을 잘할 수 있게 되었다.
아주 작은 반복의 힘	로버트 마우어	아주 작은 변화로 시작하라는 '스몰 스텝 전략'은 인생을 바꿀 만한 큰 변화를 이루어낸다.
아주 작은 습관의 힘	제임스 클리어	좋은 습관을 만들기 위한 단계별 법칙을 상세히 알려주는 책이다. 좋은 습관은 우리의 인생을 바꾸고 목표를 이루어준다. 습관에서는 작은 것이 크다.
스토리씽킹	간다 마사노리	이 책 덕분에 '퓨처 매핑'이라는 툴을 배워 나의 미래를 좀 더 선명하고 수월하게 계획할 수 있게 되었다. 또한 이러한 내용을 토대로 일을 끝까지 완수하는 데 도움을 받았다.

제목	저자	코멘트
Be Water My Friend: The Teachings of Bruce Lee	Shannon Lee	'Be Water' 사고방식을 좀 더 구체적으로 알 수 있었다. 물처럼 유연하게 받아들이는 사고방식 덕분에 무엇이든 좀 더 편안하게 배우고 시작해볼 수 있는 실행력을 얻었다.
하나님 설계의 비밀 시리즈 (뇌, 생각, 마음)	티머시 R. 제닝스	기독교인으로서 신앙을 율법으로 받아들이고 스스로를 옥죄며 살고 있던 내게 뇌 과학, 심리학 관점에서 새로운 시야를 열어준 책이다.

자기계발

제목	저자	코멘트
더 시스템	스콧 애덤스	열정보다 시스템이 강하다는 것을 처음으로 알려준 책이다.
우리는 왜 잠을 자야 할까	매슈 워커	에너지를 회복할 수 있는 나만의 수면 루틴을 찾도록 도와주는 책. 일독을 강력히 추천한다.
최강의 식사	데이브 아스프리	식습관은 최고의 아웃풋을 위해 당신이 가장 먼저 신경 써야 할 중요한 요소다.
콜레스테롤 수치에 속지 마라	스티븐 시나트라, 조니 보든	콜레스테롤 수치, 심혈관 질환, 지방, 당에 관한 새로운 관점을 가질 수 있을 것이다.
비상식적 성공 법칙	간다 마사노리	내게 포토리딩을 처음으로 알려준 책. 무의식의 영향력을 비롯해 돈과 성공에 관한 저자 특유의 관점과 지식이 담겨 있다.

타이탄의 도구들	팀 페리스	세스 고딘, 말콤 글래드웰, 파울로 코엘료 등 이 시대 가장 크게 성공을 거둔 사람들이 전하는 61가지 자기계발 도구들을 한눈에 볼 수 있는 책이다.
결국 해내는 사람들의 원칙	바바라 피즈, 앨런 피즈	RAS(망상활성계)에 관해 인사이트를 준 책이다.
마스터리의 법칙	로버트 그린	경제적 자유를 넘어서는 사명에 관해 생각의 여지를 주는 책이다.
에디톨로지	김정운	산업혁명이 아닌 '편집혁명'의 시대다. 이 책은 '낯설게 보기'를 통해 독창적인 관점을 갖는 법과 함께 다양한 에디톨로지 방법을 소개한다.
잠언	솔로몬 외 미상	성경의 잠언Proverbs은 31장으로 구성되어 있다. 한 구절 한 구절이 자기계발서 한 권과 같은 메시지를 전해준다. 나는 10년 이상 날짜에 맞는 잠언 장을 읽었다. 내 모든 자기계발의 토대가 되었다.

사고방식

제목	저자	코멘트
안티프래질	나심 니콜라스 탈레브	지금까지의 나의 사고방식이 '깨지기 쉬운 방식'이라는 것을 깨달았다.
폴리매스	와카스 아메드	이것저것 관심이 많아서 고민이던 나의 정체성을 일깨워 준 책이다.
기브 앤 테이크	애덤 그랜트	사회생활을 하면서 인간관계에 대한 새로운 시야를 열어주었다.

스타트 위드 와이	사이먼 시넥	왜 지금 이 일을 해야 하는지, 일의 본질을 생각하게 하는 책. 직장 생활에 있어 임원의 관점을 가질 수 있게 해주었다.
Be Water My Friend: The Teachings of Bruce Lee	Shannon Lee	물처럼 무엇이든 받아들이는 'Be Water 사고방식'에 대해 구체적으로 알 수 있을 것이다.
그릿	앤절라 더크워스	'무언가를 지속한다는 것'에 관한 인사이트를 얻을 수 있다.
퀴팅	줄리아 켈러	위에서 추천한 《그릿》과 반대되는 내용으로, 두 권을 모두 읽고 유연한 의사 결정에 도움을 얻을 수 있었다.
더 딥	세스 고딘	《퀴팅》과 유사한 주제를 다룬 책으로, 힘든 상황이 왔을 때 어떤 관점을 가져야 할지에 대한 인사이트를 준다.

뇌 과학 및 심리학

제목	저자	코멘트
인스타 브레인	안데르스 한센	뇌 과학에 관한 기본 내용을 쉽게 설명해주는 책이다. 실생활에 적용하기 쉬웠다.
정리하는 뇌	대니얼 J. 레비틴	'뇌 용량'이라는 개념적 관점의 인사이트를 얻을 수 있다.
운동화 신은 뇌	존 레이티, 에릭 헤이거먼	운동과 두뇌의 상관관계에 관해 배울 수 있다.

너무 재밌어서 잠 못 드는 뇌과학	테오 컴퍼놀	'몰아서 처리하기' 외 업무 생산성과 연결된 뇌 과학 관련 지식을 쉽게 습득할 수 있다.
도파민형 인간	대니얼 Z. 리버먼	도파민이 우리에게 미치는 영향에 관해 개괄적으로 파악할 수 있다.
뇌, 욕망의 비밀을 풀다	한스-게오르크 호이젤	세계 최고의 신경 마케팅 모델이라고 불리는 '림빅 시스템'에 대해 배울 수 있는 책. 이 시스템을 통해 사람을 좀 더 입체적으로 분석할 수 있게 되었다. 마케터라면 일독을 권한다.
긍정의 뇌	질 볼트 테일러	하버드대 뇌 과학자의 뇌졸중 체험기를 담은 책으로, 환경이 뇌에 미치는 영향에 대해 배울 수 있다.
인간 본성의 법칙	로버트 그린	다양한 관계들의 사례를 보면서, 사회생활에서 인간관계를 어떻게 풀어갈지 숙고할 수 있도록 도와줄 것이다.
생각에 관한 생각	대니얼 카너먼	'행동 경제학'에 관한 기조를 다질 수 있는 책이다.

이완과 무의식

제목	저자	코멘트
이완반응	허버트 벤슨	'눈 감고 숨쉬기'의 유용성을 배웠다.
리얼리티 트랜서핑 시리즈	바딤 젤란드	무의식적 관점에서 힘을 빼고 균형을 잡는 것에 관한 인사이트를 얻었다.

어떤 사람이 최고의 아웃풋을 내는가

1판 1쇄 발행 2024년 12월 13일

지은이 김동기
발행인 오영진 김진갑
발행처 토네이도미디어그룹(주)

책임편집 유인경
기획편집 박수진 박민희 박은화
디자인팀 안윤민 김현주 강재준
마케팅팀 박시현 박준서 김예은 김수연
경영지원 이혜선

출판등록 2006년 1월 11일 제313-2006-15호
주소 서울시 마포구 월드컵북로5가길 12 서교빌딩 2층
원고 투고 및 독자 문의 midnightbookstore@naver.com
전화 02-332-3310 팩스 02-332-7741
블로그 blog.naver.com/midnightbookstore
페이스북 www.facebook.com/tornadobook

ISBN 979-11-5851-303-0 (03190)